Hannes Treichl, „Meuterei des Denkens“
www.meuterei-des-denkens.com



Text, Satz, Illustrationen, Umschlaggestaltung,
Fotos (sofern im Bildquellenverzeichnis nicht anders angeführt): Hannes Treichl
Druck und Bindung: Monsenstein und Vannerdat

Bibliografische Information der Deutschen Nationalbibliothek: Die Deutsche Nationalbibliothek verzeichnet diese Publikation in der Deutschen Nationalbibliografie; detaillierte bibliografische Daten sind im Internet über www.dnb.de abrufbar.

ISBN 978-3-95645-147-8

HANNES TREICHL

# MEUTEREI DES DENKENS

# Prologe.

Die Idee zu diesem Schmökerbuch keimt an einem AndersOrt. Auf einer Insel. Kraftort des Hippokrates, einem der einflussreichsten vorDenker aller Zeiten. Beim Nachdenken über das Denken. (m)Eine Antwort auf (d)eine Frage nach meinen Vorträgen: (wie) Kann ich anders | denken lernen?

# BEGEGNUNGEN.

Hannes Treichl habe ich zuerst virtuell kennengelernt, wie es in der Neuzeit eher die Regel als die Ausnahme darstellt. Seit Frühjahr 2006 begeistert er mich und viele andere Fans mit seinen Beiträgen im anders|denken-Blog. Der Name ist Programm. Hannes schafft es wie kein anderer Autor, „neue Wege“ aufzuzeigen. „Ausgetrampelte Pfade“ sind nicht sein Metier. Er mag es anders, bevorzugt das Außergewöhnliche. Als Blogautor zieht er seine Leser und Fans in den „Bann“. Ein noch größeres Erlebnis ist, ihn als Redner erleben zu dürfen. Ich hatte das Glück, dass er schon öfters meinem Ruf gefolgt und auf unserer AUFSCHWUNG-Messe als Keynote-Speaker aufgetreten ist. Vor seinem Auftritt wurde ich öfters noch gefragt: „Wer ist denn dieser Hannes aus Österreich?“ Danach nur noch, ob er nächstes Jahr wieder dabei sei. Wie kein anderer, inspiriert er sein Publikum, ohne es zu belehren oder das Gefühl zu vermitteln, dass es nur *diesen einen* Weg gäbe.

Vor einigen Jahren verriet er mir, endlich Zeit finden zu wollen, um sein erstes Buch zu schreiben. Meine Vorfreude war groß. Dann wurde es etwas ruhiger um sein Projekt. Umso größer war meine Freude, als mir Hannes zu Jahresbeginn 2014 einen „Jännergruß“ schickte und mir erzählte, dass sein Erstlingswerk vollbracht war. Es war eine Ehre, als einer der Ersten in das Buch hineinlunzen zu dürfen.

Was soll ich sagen? In diesem Buch wird innovatives Denken zum Abenteuerurlaub. Das wirklich Geniale ist, dass man jedes Mal neue Welten entdeckt. Seiten, die jedes Mal einen neuen Reiz aussenden. Ein echtes Kunstwerk. Hier ist etwas gelungen, das keinem Trend folgt und kein Verfallsdatum hat. Auch beim hundertsten Mal entdeckt der Leser Neues. WOW! Egal ob zwei Minuten oder zwei Stunden: Jedes mal findet man gleich den „Anschluss“. Mit einfachen Worten bringt Hannes es auf den Punkt:

„DIESES BUCH IST UNLESBAR! Schlag es an beliebiger Stelle auf. Schmökere. Lass dich inspirieren. Dann leg es beiseite. Gewinne Abstand. Verdaue. Wende an. Denn jede Reise beginnt mit dem ersten Schritt.“

Aus der Seele spricht mir auch Sir Robert Watson-Watt, der Erfinder des Radars: „Heute hast du eine Idee. Morgen eine noch bessere. Die beste findest du nie.“ Deshalb sollten wir nicht auf *die eine Idee* warten, sondern anfangen, wenn wir die erste gute Idee haben. Das Motto meines Blogs, in dem ich bisher mehr als 6.000 Geschäftsideen aus der ganzen Welt vorgestellt habe, lautet: „Jeden Tag ein bisschen besser“.

Hannes drückt das in seinen Worten aus: „Die Glühbirne ist Resultat jahrzehntelanger Entwicklung. Nicht des Geistesblitzes eines Einzelnen. Nicht Resultat unstrukturierten Denkens und konditionierter Denkmuster. Das sind großartige Erfindungen nie.“

Lieber Hannes, ich danke auch ausdrücklich der „Geburtshelferin Deines Buches“. Liebe Leser, Sie wissen nicht, was ich meine. Am Ende des Buches lüftet Hannes das Geheimnis: Warum er nach jahrelanger Vorbereitung jetzt in kürzester Zeit das Buch fertiggestellt hat.

Burkhard Schneider.

In seinem Blog „best-practice-business.de/blog“ stellt Burkhard Schneider täglich außergewöhnliche Geschäftsideen aus der ganzen Welt vor. Er ist Mitinitator der AUFSCHWUNG-Messe, einer der Leitmessen für Entrepreneure in Deutschland.

# DIE PARTITUR DES WORTES DAVOR.

Dieses Buch ist schräg. Es führt direkt in eine Art Verrücktheit. Und was tut es da? Was?
Nun, es ver-rückt Vorstellungen von „macht-man-so“. Es wird alles verschoben, was an Richtig oder Falsch erinnert. An Reih und Glied. Oder an zwei Wege, wovon du einen gehen solltest. Nein, nein.
Es geht um alle Wege und alle Wege sind keine Wege und kein Weg ist der richtige.

Wohin führt das?
In das Feuer fixierter Vorstellungen. Und dort?
Werden erstarrte Muster zu Schall. Und zu Rauch!

Daher kann ich dieses Buch nicht empfehlen. Ich kann es nicht guten Gewissens empfehlen, es sei denn...

Es sei denn, du bist jemand, der wie niemand ist. Der die Meuterei in den Himmel hebt, um auf Erden sein eigenes NeuLand zu pflanzen. In dem Fall – doch nur in diesem Fall – findest du hier den roten Faden, der die Partitur des Gewohnten verlässt, ohne ein fertiges Konzert anzubieten. Du landest in einem offenen Werden. In einer Gewissheit jenseits von Antworten, was einer Meuterei gleichkommt.

Doch was nützt eine Meuterei, wenn sie nicht unser Herz berührt? Wenn sie nicht eine Seite in uns öffnet, die gelebt werden will. Die hinaus will – ins Licht. Weil auch diese Seite zu dir gehört. Weil auch diese Seite gesehen werden will. Diese HerzSeite. Das befreite Herz zeigt sich durch das Meutern des Denkens. Das ist die Meisterung der Meuterei. Diese landet in der Liebe des Herzens.

So gesehen öffnet die Kunst der kreativen Meuterei Tür und Tor für den Himmel auf Erden. Celebrate paradise.

Es lebe die Meuterei des Denkens.
Sie lebe hoch.

Karl Gamper, Autor.

Karl Gamper (www.SIGN.ag) ist Autor mehrerer Bestseller. Während diese Seiten entstehen, arbeitet er an einem faszinierenden Kurs. Sein Titel schmiegt sich verbindend an die Inhalte dieses Buches: „Die Vision von NeuLand".

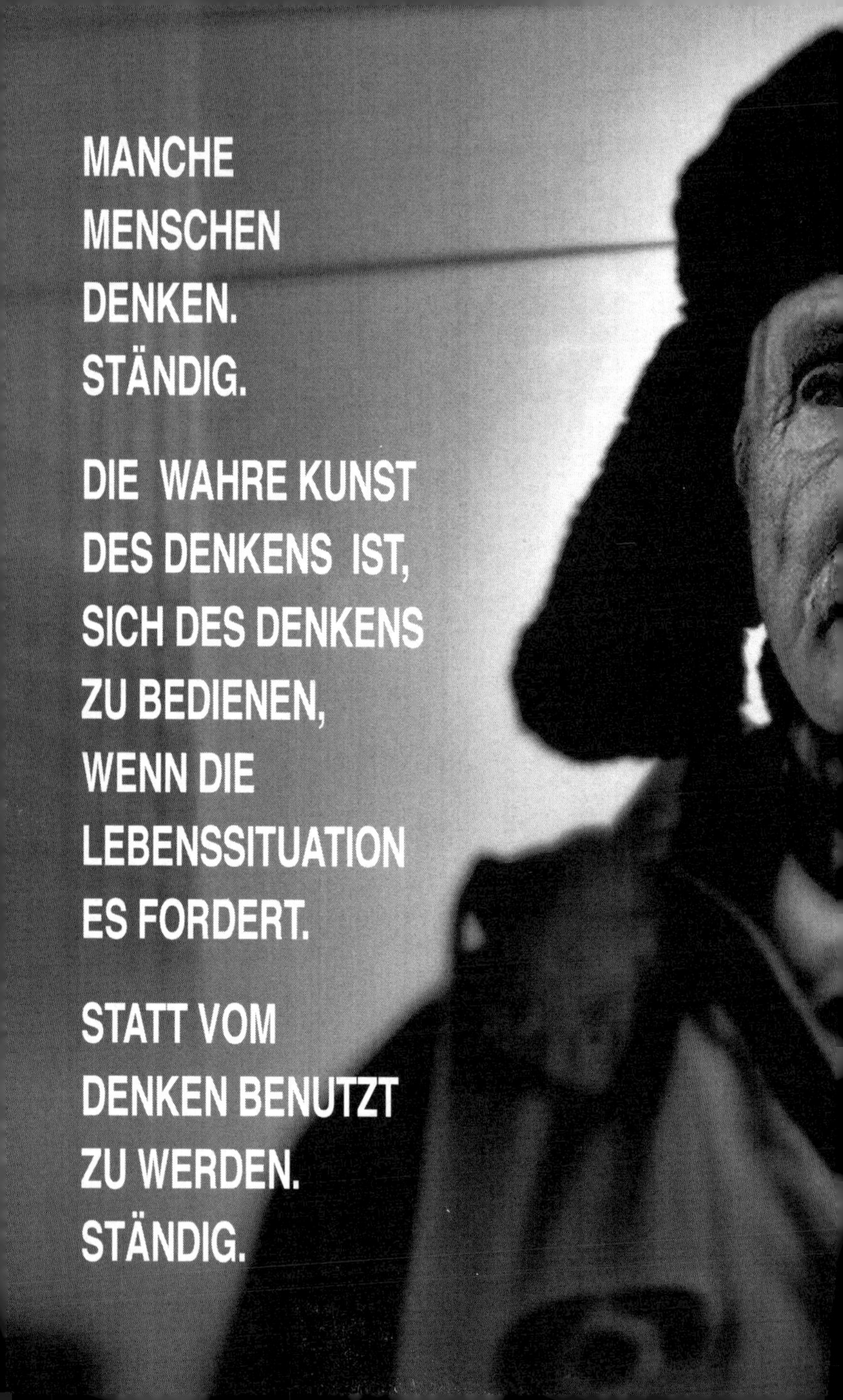
MANCHE
MENSCHEN
DENKEN.
STÄNDIG.
DIE WAHRE KUNST
DES DENKENS IST,
SICH DES DENKENS
ZU BEDIENEN,
WENN DIE
LEBENSSITUATION
ES FORDERT.
STATT VOM
DENKEN BENUTZT
ZU WERDEN.
STÄNDIG.

# AHOI.

Freude! – Darüber, dass du diesem Schmökerbuch deine Zeit schenkst. Vieles, das du beim Stöbern finden wirst, kannst du jeden Tag anwenden. Bei „Verhandlungen" mit Freunden und Familie. Beim Planen von Freizeitaktivitäten. Bei schwierigen Entscheidungen. Unsicherheit. Unentschlossenheit. Und natürlich in deinem Berufsleben.

Gedanken, Fragen, Antworten – gesammelt in vielen Seminaren, Workshops, Coachings, Beratungen, Arbeits- und Lebenssituationen. Alle hier vorgestellten Werkzeuge haben mir immer wieder geholfen, scheinbare Hindernisse zu überwinden. Ich beobachte mein Denken. Verstehe. Verändere. Denke nicht *mehr*. Denke weniger. Entscheide sicherer. Welch ein Paradoxon.

Betrachte dieses Buch als eine Symphonie von Denkwerkzeugen, Kreativitätstechniken, Entscheidungshilfen, Problemlösungstechniken. Gepaart mit persönlichen Gedanken, Bildern, Beispielen, damit du Theorie mit dem Leben vergleichen kannst.

„Meuterei des Denkens" erfüllt auch einen vielfach geäußerten Wunsch von Teilnehmern an meinen Vorträgen, Seminaren und Coachings: anders | denken zum anGreifen. Offline. Orchestriert auf gutem alten Papier. Inszeniert, jenseits der digitalen Welt meines Blogs, in dem sich mittlerweile über 2.000 Einträge angehäuft haben. Als Ansprache habe ich das vertraute „Du“ gewählt. So wie ich es zu Weggefährten auf Wanderungen sage. Es verbindet intensiver als die förmliche Ansprache. Es erleichtert mir, mehr von mir preiszugeben. Es erlaubt dir, tiefer in meine Gedankenwelt einzutauchen.

EIN BUCH ZUM SCHMÖKERN – FÜR ZWISCHENDURCH.
Einige Sätze könnten dicke Bände füllen. Statt weniger Zeilen. „Das Wissen von Büchern bleibt in Büchern“, höre ich meinen Freund Karl Gamper sagen. Dies ist kein Buch für Theoriemechaniker, sondern für Anwender. Ich werfe nicht mit ratSchlägen um mich. Das überlasse ich den Viren der Verlage: Ratgebern. Obwohl alle längst geschrieben sind, vermehren sie sich weiter, weil wir nicht aufhören, nach dem einzig besten Weg zu suchen. Statt anzufangen. Umzusetzen.

DENKE NICHT ZU WISSEN. WISSE.
ERST DANN WERTE. UND HANDLE.

Bist du zu dieser Reihenfolge (noch) nicht bereit, lies nicht weiter. Es wäre Verschwendung einer wertvollen Ressource: deiner Zeit. Welche Werkzeuge dich weiterbringen, kannst nur du selbst beurteilen. Probiere aus, worauf du neugierig bist. Vertiefe, was dich anspricht. Verändere den Klang. Experimentiere. Kombiniere verschiedene Noten. Erschaffe deine eigene Komposition.

Anders als von Schulen gelehrt, gibt es kein Richtig. Kein Falsch – auch nicht: „Du musst!“ oder „Du sollst!“. Es gibt nur „Funktioniert.“ oder „Funktioniert nicht.“. Immer bezogen auf den Moment. Auf deine jetzige Lebenssituation. Prüfe, indem du den Werkzeugen eine Chance gibst. Genieße die Inszenierung:
DEN KLANG DEINER EIGENEN PARTITUR.

Auf einigen Seiten begegnet dir viel leerer Raum. Fülle die Leere mit deinen eigenen Gedanken. Ich kritzle ständig in Bücher. Leerer Raum ist ein Grund, dass ich mich für den Weg der Selbstveröffentlichung entscheide. Drei Verlage zeigen Interesse. Bis ich meine Vorstellungen als Anspruch manifestiere. An Unlesbarkeit. An Bilder. An Stille. Sie wollen dir die Stille der Leere verwehren. Wir gehen getrennte Wege.

Ich wünsche dir, dass du beim Schmökern auf den Seiten dieses Buches auf ebenso viele inspirierende Gefährten triffst, wie sie mir während des Schreibens immer wieder begegnen.

Hannes Treichl

AHOI PIRATEN.
ZEIT ZUR Meuterei
DES DENKENS.

# DER ROTE FADEN.

Andere nennen es Inhaltsverzeichnis.

Du suchst den roten Faden dieses Buches?
Er schlängelt sich durch diese Seite – nur durch diese.

Dies ist ein Schmökerbuch. Seine Inhalte folgen keiner Chrono-Logik. Ich schreibe nicht entlang eines roten Fadens. Ebenso wenig, wie du über einen längeren Zeitraum entlang eines solchen denkst. Oder plant dein Denken jetzt gerade, dass du in 278 Minuten ein Glas Wasser trinkst?

**DIESES BUCH IST UNLESBAR //** Schlag es an beliebiger Stelle auf. Stöbere. Lass dich inspirieren. Dann leg es beiseite. Verdaue. Gewinne Abstand. Wende an.
Denn jede Reise beginnt mit dem ersten Schritt. Jede Reise hinterlässt auch Spuren. Kritzle in leeren Raum, mach Notizen, zerschneide, trenne Seiten heraus.
Hinterlasse Spuren! – Statt nur Staub aufzuwirbeln.

Die meisten Seiten liest du spielend in 120 Sekunden. Diese Zeitspanne schafft unser Hirn gerade noch, um sich ganz auf *eine* Sache zu konzentrieren. Dann schweifen die Gedanken ab. Deine tun das womöglich jetzt gerade in diesem Moment. Vielleicht, weil dich der Faden hinter diesen Zeilen irritiert. Oder weil du hier liest, dass du jetzt an etwas anderes denken könntest.

Der eine oder andere Impuls soll dir rasch eine Idee liefern – zur Lösung eines aktuellen Problems. Vielleicht erinnerst du dich auch erst Tage später an eine Textpassage oder ein Denkwerkzeug. Dann, wenn es dir in einer Lebenssituation dienlich ist.

Viel Erfolg bei der ersten Übung; beim Brechen einer Regel, die Büchern üblicherweise zugrunde liegt: „Bücher müssen von vorne nach hinten gelesen werden."

Nicht lesen. – Schmökern! Und Umsetzen.

In „Wahlverwandtschaften" beschreibt Goethe jenen roten Faden, unter dem wir heute den „leitenden Gedanken" verstehen: „Sämtliche Tauwerke der königlichen Flotte sind dergestalt gesponnen, dass ein roter Faden durch das Ganze durchgeht, den man nicht herauswinden kann, ohne alles aufzulösen."

Für dieses Buch hieße das: Kein Denkwerkzeug wäre (ohne das andere!) dazu berufen, in und für sich selbst zu funktionieren, spinnt doch erst die Summe aller Fäden das Ganze. Tatsächlich aber entfalten sich alle hier vorgestellten Techniken alleine oder in Kombination mit anderen (auch hier unerwähnten) zu königlichen Tauwerken.

Erfüllte ich Goethes hohen Anspruch an einen roten Faden, so wäre seine Länge unendlich und dieses Buch niemals gedruckt. Denn: Wo fängt das Denken an? Wo hört es auf? Wann ist ein Gemälde fertig? „Niemals", sagt Picasso.

# NEULAND.

**IRGENDWO, VOR 400.000.000 JAHREN //** Ein neugieriges Tier krabbelt an Land. Entsteigt vorsichtig dem Meer. Schleppt sich mühsam durch den nassen Sand. Eine neue, beschwerliche Eigenschaft: Schwerkraft. Sie macht alles komplizierter. Kein Vergleich – zum sanften Gleiten und Sich-treiben-lassen durch die Strömungen des Meeres. Wie viel Zeit das Knochentier bei seinem ersten Besuch an Land verbringt, wissen wir nicht. Wie viele seiner Artgenossen ihm heute folgen auch nicht.

Eines Tages muss jemand (oder etwas?) endgültig eine Entscheidung getroffen haben: Von JETZT an lebe ich an Land. Den Schmerz der Metamorphose durchstehen. Ausgediente Kiemen transformieren zu Lungen. An Land nutzlose Flossen werden zu kräftigen Beinen.

Eine Frage bleibt bis heute offen: Warum verlassen die Tiere das Meer? Aus reiner Neugier? Weil sie Neuland betreten *wollen*? Oder weil sie ihre Heimat für immer verlassen *müssen*? Verändert sich die Umwelt? Bedroht eine tiefgreifende Krise das Leben? Entfernt sich die Sicherheitszone von der lieb gewonnenen Komfortzone? Immer weiter. Unaufhaltsam. Schneller als irgend eines der kleinen Geschöpfe folgen kann. So könnte es sich zugetragen haben. Vielleicht aber auch ganz anders. Entdecke selbst. Auf an Land! AUF INS NEULAND!

DEN WIND DER VERÄNDERUNG NUTZEN.

*Windmühlen* BAUEN.

STATT SCHUTZMAUERN.

Straße nach Neuland.
Lang. Steil. Kurvig.
Beschwerlich. Abenteuerlich.

Winternacht. Dunkelheit. Nebel.
Ich weiß nicht, welche
Hindernisse hinter der nächsten
Kurve auf mich warten.

Scheinwerfer leuchten mir den
Weg. Nie weiter als 50 Meter.
Weit genug. Um mich sicher
nach Hause zu bringen. Das
einzig Wichtige an jeder
Fortbewegung ist jener Schritt,
den ich in diesem Moment
mache.

Ich muss die Richtung kennen.
Alternative Wege, die ans Ziel
führen, finden sich.
Immer.

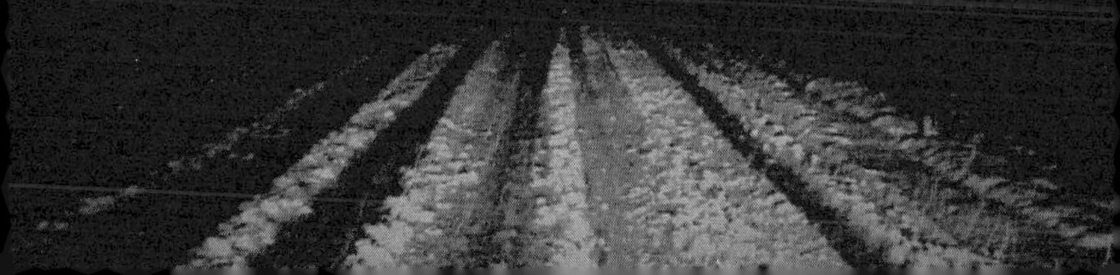

Ich danke meinen Freunden Jwala und Karl Gamper.
Für die wundervollen Worte im Titel der Seite nebenan.
Ich durfte sie erstmalig bei Euch im Claudiaschlössl erfahren.

# WENN ZWEI TANZEN, WER TANZT MEHR?

Mann oder Frau? Licht oder Dunkelheit? Oben oder Unten? Denken oder Intelligenz? Wer tanzt mehr?

Wir sollen innovativ sein. Wir sollen über den Tellerrand hinaus schauen. Das erzählen uns Politiker, fordern Vorgesetzte, schreiben Magazine. Wie das geht, verraten uns diese schlauen Menschen jedoch nicht.
Um bessere Entscheidungen zu treffen, brauchen wir viele Alternativen, aus denen wir wählen können. Um diese jenseits des Tellerrands zu finden, dürfen uns konditionierte Denkmuster keine Streiche mehr spielen. Leider lehren Schulen dieses Denken nicht (mehr). Anders war es in den alten Akademien der Antike. Doch das ist lange her.

Fähigkeiten wollen entwickelt werden; sonst bleiben sie ungenutzt. Oder werden falsch gebraucht. Denkfehler sind Fahrfehler. Fahrfehler münden in Sackgassen – oder enden in Unfällen. Die volle Leistung deines Autos hängt nicht von seinen Pferdestärken ab, sondern von deinem Fahrgeschick. Intelligenz ist die Summe der Pferdestärken im Kopf. Denken ist die Fähigkeit, die Leistung ganz, teilweise, oder überhaupt nicht auszuschöpfen. Immer dann, wenn es eine Situation erfordert.

Kreatives Denken oder Intelligenz? Wer tanzt mehr? Erst das harmonische Zusammenspiel macht den Tanz perfekt. Ein anderes Denken manifestieren.

Jetzt!

Ein Pfad wie das Leben.
Und wie das Denken.
Es führt nie nur geradeaus.

Hinter jeder Kurve
könnten Schätze liegen.
Oder Zugänge. Ausgänge.
Und neue Wege.

# Wahrheiten.

# WIR MACHEN ERFAHRUNGEN. DANN PROJIZIEREN WIR DIE VERGANGENHEIT AUF DIE UNBEKANNTE ZUKUNFT.

In einer leeren Flasche sind zehn Bienen. In einer anderen gleich viele Fliegen. Beide Flaschen liegen auf dem Tisch vor einem offenen Fenster. Der verschlossene Flaschenboden zeigt in die Freiheit. Der Flaschenhals ins Zimmer.

Wild schwirren die Fliegen in der Flasche umher. Sie klatschen unaufhörlich an die Flaschenwand. Aber alle Fliegen finden den Weg in die Freiheit. Die Bienen sammeln sich am Boden. Dort, wo sie den besten Blick nach draußen haben. In die freie Natur. Die Flasche wird ihr Grab.

Bienen vertrauen ihrem konditionierten Wissen. Sie folgen einer vererbten Gewohnheit: Steuere immer aufs Licht zu. Das mag funktionieren; solange sie sich innerhalb ihrer Komfortzone bewegen – der freien Natur. Entfernen sich Komfort- und Sicherheitszone, bringen Gewohnheiten nicht mehr weiter. Fliegen experimentieren. Sie suchen nach alternativen Lösungen. Auch wenn sie sich dabei ständig den Kopf stoßen.

Gleiches Denken,
Gleiches Ergebnis.

Konzentriere dich voll und ganz auf den schwarzen Punkt. Zähle langsam von 1 bis 20. Dann blättere um. Auf der nächsten Seite findest du das Bild wieder. Fokussiere deinen Blick auch dort auf den schwarzen Punkt...

# NICHTS IST, WIE ES SCHEINT. NICHTS SCHEINT, WIE ES IST.

Solltest du meiner Anregung gefolgt sein und dieses Buch quer lesen, blättere eine Seite zurück. Erst dann lies hier weiter.

Nur weil du vorhin verschwomme Farben
wahrgenommen hast, siehst du nebenan auch Farben?!

Das Jetzt könnte ganz anders sein.
Das Problem könnte ein ganz anderes sein?!

Vielleicht bekämpfst du Symptome? Statt Ursachen.
Suchfelder könnten andere sein.
Lösungen auch.

Das Jetzt ist nur bedingt ein Spiegel der Vergangenheit.
Oft ein blinder.

Du kannst das Experiment mit jedem beliebigen Punkt im Bild wiederholen. Oder noch besser: Mach dein eigenes Bild. Es funktioniert mit jedem deiner Fotos. Eine Anleitung dazu findest du auf der Webseite zu diesem Buch. www.meuterei-des-denkens.com.

HAUS HEUPORT
HOTEL

# HEUTE HAST DU EINE IDEE. MORGEN EINE NOCH BESSERE. DIE BESTE FINDEST DU NIE.

Sir Robert Watson-Watt. Erfinder des Radars.

Wie viele Möglichkeiten findest du, um dieses Quadrat in vier gleich große Teile zu teilen?

Die meisten Menschen finden vier Möglichkeiten. Manche sechs oder sieben. Tatsächlich gibt es unendlich viele. Du wirst niemals alle finden. Entscheidend ist, dass du nach Alternativen suchst. – Bevor sich dein Verstand in eine Antwort verrennt.

Schwierigkeiten bei Entscheidungsfindungen haben oft einen sehr banalen Grund:
Es stehen nicht genügend Alternativen zur Wahl.

Soll ich mein Produkt billiger oder teurer auspreisen? Es gibt bessere Fragen.
Die zu besseren Antworten führen.

**VERDAMMTE BRILLE //** Du versteckst dich. Ständig.
Und doch finde ich dich. Aber warum immer am selben Ort?!
Dort, wo ich dich zuletzt suche.

Gib dich nicht mit der ersten Frage, Idee, Lösung zufrieden.

*Suche weiter.*

**PS //** Auch nachdem du die verlegte Brille gefunden hast.
Bestimmt stößt du während des Suchens auf viele andere Dinge.

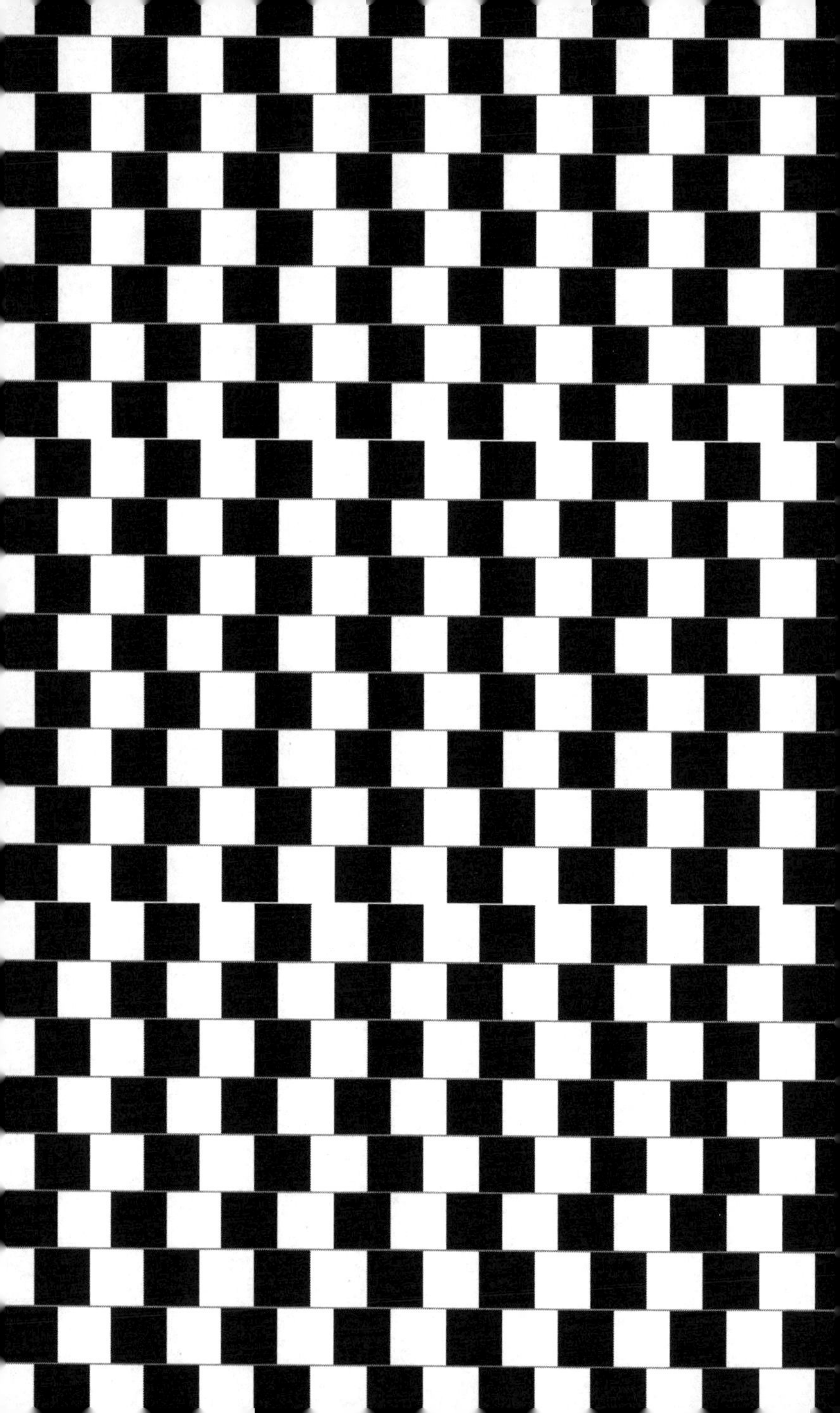

# DAVID COPPERFIELD KANN NICHT DURCH MAUERN GEHEN.

Trotzdem falle ich immer wieder darauf rein.

**BRISTOL, 1973 //** Steve Simpson schlendert durch St. Michael's Hill. An der Wand eines Cafés entdeckt er ein Gemälde von Münsterberg. Später wird seine Beobachtung Basis für eine Studie von Dr. Richard Gregory sein. Als „Café Wall Illusion" geht sie in die Geschichte der Forschung ein. Du findest sie gegenüber. In jedem Kaffeehaus liegen Inspirationen. Nimm sie mit.

Täuschungen wie diese kennst du. Die junge alte Dame, den vielbeinigen Elefanten, die endlose Stiege. Alle missbrauchen Interpretationsfehler deiner Augen. Die Täuschungen funktionieren, solange du unreflektiert annimmst, was du siehst. Hinterfragst du das Wahrgenommene bewusst, löst die Täuschung sich auf. Du erkennst die Wahrnehmungsfehler und ärgerst dich darüber. Oder sie amüsieren dich. Weil du ihnen auf die Schliche gekommen bist.

Wie unsere Augen, wird auch unser Denken von Wahrnehmungsfehlern in Besitz genommen. Ständig. Jeden Tag. Wieder und wieder.

*Denkfehler* SIND WAHRNEHMUNGSFEHLER.
Ergebnis konditionierter Denkmuster. Sei bewusster Beobachter deines Denkens. Beobachte, WIE du denkst.
In Stille. Dann werden die Fehler sich zeigen.
Ein anderes Denken manifestiert sich.

# WENN DU ES EILIG HAST, GEHE EINEN UMWEG.

Japanisches Sprichwort

**PEGNITZ, 2011 //** Mit 240 Sachen steuert er seinen Porsche über die leere Autobahn. Endlich in Berlin ankommen. Noch schneller. Immer weniger nimmt er wahr, was rund herum passiert. Nicht links. Nicht rechts. Nicht hinter sich. So entgeht ihm auch, dass der Wagen im Rückspiegel immer größer wird. Er setzt zum Überholen an. Den Rest erzählen die Abendnachrichten.

Wir spezialisieren uns. Arbeiten verbissen auf ein Ziel hin. Tunnelblick. Schneller und immer noch schneller rasen wir über die Autobahn – die Denkautobahn.

Wir haben keine Zeit. Links und rechts des Weges liegen Schätze. Viele. Wir lassen sie liegen. Wir sehen sie nicht. Denkautobahnen sind verführerisch und gefährlich. Zu hohe Geschwindigkeit. Zu fokussiert der Blick. Zu eingeschränkt die Wahrnehmung.

Denkautobahnen enden in Katastrophen.
Katastrophen führen nie ans Ziel.
Nicht ans angestrebte.

Wenn du eine Lösung des Problems kennst, greifst du in der Regel immer wieder auf die selbe Lösung zurück. Du schlüpfst immer mit dem gleichen Arm zuerst in den Ärmel der Jacke. Nimm den anderen. Ungewohnt? Mit etwas Übung merkst du irgendwann keinen Unterschied mehr.

AUCH DENKEN ERFORDERT ÜBUNG.

# VERDAMMTE DENKM~~U~~onSTER.

Das Denken hat sich ein Ziel gesetzt: Weiteres Denken überflüssig zu machen. Denkprozesse greifen auf automatisierte Denkmuster zurück. Denkmuster sind Denkfallen.

Bitte jemanden, zehn mal hintereinander langsam das Wort „Blut“ zu sagen.

Dann frage: „Bei welcher Farbe gehst du über die Straße?“

# MEUTEREI DES BEWUSSTEN DENKENS. GEGEN KRANKHAFTES DAUERDENKEN.

**COGITO ERGO SUM** // Ich denke, also bin ICH.
Welch philosophischer Unsinn. Je mehr ich denke, umso weniger bin ich ICH. Umso mehr werde ich zur Marionette meines Verstandes. Erst das harmonische Zusammenspiel von Denken und dem Bewusstsein vom Denken ist Grundlage meines Seins, meiner Handlungen, meines Schaffens.

**STÄNDIGES DENKEN IST EINE KRANKHEIT** // Das Gegenmittel: Dann bewusst zu denken, wenn eine Situation es (er)fordert. Krankhaftes Denken ist Zeitverschwendung. Macht immer mehr krank. Es ist fruchtbarer Nährboden für Probleme. Immer weiter multiplizieren sie sich, statt von Lösungen ausgerottet zu werden.
Lösungen wachsen in Stille.
Jenseits automatisierten Dauerdenkens.

Gerade eben schweigt die Stimme in deinem Kopf. Der krankhafte Teil deines Denkens macht Pause, weil du dich ganz auf eine Sache konzentrierst.

Das ist Gegenwärtigkeit. Das ist Bewusstheit.
QUELLE ALLER KREATIVITÄT.

**WARTEN AUF JERRY** // Du bist eine Katze vor dem Mausloch.
Warte – nicht auf die Maus, sondern auf deinen nächsten Gedanken.
Was wird die Stimme im Kopf als nächstes zu dir sagen?
Es passiert nichts? Weil du gegenwärtig bist. Erst wenn deine Aufmerksamkeit wieder abschweift, kehrt der Lärm im Kopf zurück.

# ERSCHAFFEN. IN STILLE.
# OHNE KRITISCHEN VERSTAND.

Kreative Denker, Künstler, Mathematiker, Wissenschaftler, Erfinder erschaffen in Momenten der Stille. Deshalb begegnet dir *Stille* in diesem Buch immer wieder. In Form eines Wortes, leeren Raums, in Bildern und zwischen den Zeilen. Stille ist das zentralste Element kreativen Denkens. Stille verbindet. Den inneren Körper mit der äußeren Welt. Im Unterbewusstsein schlummernde Schätze mit der Realität.

Kreative Leistungen sind immer das Ergebnis eines Wechselspiels von Stille und bewusstem Denken.

„Jeder Ton wird aus der Stille geboren, stirbt zurück in die Stille und ist während seiner Lebensspanne von Stille umgeben. Stille ermöglicht dem Ton das Sein", sagt Eckhart Tolle. Wir können nicht auf äußerliche Stille achten, ohne auch innerlich still zu werden.

Stille aussen. Stille innen.

**STILL WERDEN //** Ein Werkzeug, das dich in kurzer Zeit zu innerer Stille führt. Stelle dir einen ruhigen Ort vor. Du kannst Stille fühlen. Hören nur, wenn ein Geräusch sie unterbricht. Egal wo du jetzt bist oder wie hoch der Lärmpegel um dich herum ist. Achte auf die Quelle: die Stille. Versuche nicht, das Geräusch zu hören. Versuche, die Stille rund um das Geräusch herum zu hören.
Das unbewusste Denken hört auf. Innere Stille breitet sich aus.

# SPAM. MÜLL IM HIRN.

Spam [spæm]: Unerwünschte Nachrichten, die dem Empfänger unverlangt zugestellt werden.

„Ich soll ständig an Ideen vorbei laufen? Ausgeschlossen. Mir entgeht nichts. Ich registriere alles."

„Tatsächlich? Gestern Abend, als du auf der Couch gelegen hast, was war da?"

„Nichts. Der Fernseher war an. Die Kinder im Bett. Meine Frau hat gelesen. Ich habe ein paar Gläser Wein getrunken."

„Und sonst?"

„Nichts."

„Erinnerst du dich etwa nicht? An die Fliege, die dich ständig genervt hat. Das Bellen des Hundes im Nachbargarten. Die Regentropfen auf dem Blechdach. Vielleicht hat zwischendurch dein Magen geknurrt. Oder dein kleiner Zeh gejuckt. Wie oft hast du zum Weinglas gegriffen? [...] Du sagst, du nimmst alles wahr? Dann sage mir, welche Spots hast du im Werbeblock im Radio gehört, als du zu mir gekommen bist?"

Wie mehr als 3.000 Werbebotschaften, versucht täglich eine ganze Armee, unverdaulichen Müll in dein Hirn zu schmuggeln. Dein Spamfilter im Kopf beschützt dich. Unerbittlich filtert er 99% aller Eindrücke aus.

Sei dankbar dafür, dass du <u>nicht</u> alles wahrnimmst. – Sonst hätte man dich längst schon in Zwangsjacken gelegt.

# DER FINGER, DER ZUM MOND ZEIGT, IST NICHT DER MOND.

Ich versuche, mir meines Umfeldes bewusst(er) zu werden. Mit etwas Übung schärfe ich meine Wahrnehmung. Wenige Minuten reichen dafür aus. Es funktioniert überall: Während des Wartens auf einen Termin, auf dem Weg von der U-Bahn zur Arbeit, in der Badewanne und sogar in langweiligen Meetings.

Was sehe ich? Welche Form hat es? Welche Details erkenne ich? Wie riecht es? Woraus setzt es sich zusammen? Wie fühlt es sich an? Was verbirgt sich unter der Oberfläche – jenseits seiner physischen Form?

Ich verbinde mich mit meinem Umfeld und erhalte Zugang zu einer anderen Wahrnehmung. Gelange in einen Zustand bewusster *Aufmerksamkeit*.
Das bringt mich auf neue Gedanken.
In Fülle. Abseits der konditionierten Hülle.

**DIE BEOBACHTUNGSFÄHIGKEIT SCHÄRFEN //** „Beschreibe zehn Gegenstände in deinem unmittelbaren Umfeld." Ich führe diese Übung gerne in Seminaren durch. Nach zehn Minuten tauschen die Teilnehmer ihre Notizen. Einige sind überrascht. Den gleichen Gegenstand sehen sie mit ganz anderen Augen. Wie Wissenschaftler. Frage drei um eine Meinung. Du erhältst vier Antworten. Mindestens. Wenn 30 Menschen den selben Gegenstand fotografieren, entstehen 30 unterschiedliche Aufnahmen.
Aus 30 anderen Perspektiven. DIE VERMEINTLICHE WAHRHEIT LIEGT IMMER IM AUGE DES BETRACHTERS. ODER DAHINTER.

# BLUTRAUSCH IM GHETTO.

**NEW YORK, 2001** // Eine kalte Winternacht. Dunkelheit. Nebel. Eine in Brand gesteckte Tonne. Seltsam wirkende Gestalten wärmen sich am Feuer. Ein Mercedes rollt vorbei. Ängstlich blickt der alte Mann aus dem Fenster und fährt weiter. Einige Meter später stirbt der Motor ab. Der Wagen bleibt liegen.

Vergeblich versucht der Alte, den Wagen wieder zu starten. Nichts. Irgendwo fällt ein Messer zu Boden. „Los!“ brüllt ein Latino am Feuer. Die Meute setzt sich in Bewegung. [...]

Die Szene stammt aus einem Video, das ich vor einigen Jahren in meinem Blog verlinkt habe. Ahnst du, wie die Geschichte weiter geht? Welche Alternativen fallen dir für ein mögliches Ende ein?

*EINE* **ALTERNATIVE** // Das Auto des Mannes bleibt mitten auf einem Bahnübergang liegen. Ein Zug rast heran. Gerade noch rechtzeitig schieben die Helfer den Alten von den Schienen. Retten ihn vor dem sicheren Tod.

Vieles kann ganz anders sein, als es auf den ersten Blick scheint.

MEINUNG KOMMT VON MEINEN. GLAUBEN – ZU WISSEN.

**TUNNELBLICK //** Das Denken kann auf die Wahrheit hinweisen, aber niemals Wahrheit sein.
Jede Wahrheit ist DEINE Wahrheit. Oder Illusion. Je nachdem.

# ALLTAGSGESCHICHTE.

Die gleichen Menschen hast du nicht getroffen. Die selben begegnen dir täglich. Mit der Einen kannst du besser. Mit dem Anderen weniger. Oder gar nicht. Das ist menschlich. Auch mit dir kann nicht jeder. Akzeptiere: ANDERER MENSCH, ANDERER STIL.

Breitbeinig sitzt Roger auf seinem Hocker in der Mitte der Theke. „Ich sage euch eines: Du musst zum Golfen in Sardinien gewesen sein." Sein Finger streicht hektisch über sein nagelneues Tablet. „Schaut euch diese Bilder an", prahlt er laut. Die ganze Bar hört mit.

Auch Christian. Schüchtern, fast verklemmt wirkend, sitzt er an der Wand. Gelassen nickt er. Beobachtet. Hört zu. Legt Roger den Arm auf die Schulter: „Wie geht es deinen Kindern und deinen Eltern?"

„Schön euch hier zu sehen!" Anja platzt in die Runde. Eine schnelle Umarmung und ein Küsschen. „Ich muss euch unbedingt was erzählen... Hey, ist das da drüben nicht, hmmm, wie hieß sie nochmal? Nicole, richtig?!" Hektisch springt sie in die andere Ecke der Bar.

Zurückhaltend und kritisch beobachtet Nicoles Freund Paul die Situation. Er runzelt die Stirn, als Anja heranstürmt und seine Hand streicht kritisch übers Kinn. „Das ist Anja", klärt seine Freundin ihn auf. Paul rückt seine Krawatte zurecht und begrüßt die flüchtige Bekannte höflich und distanziert.

Du möchtest Roger, Christian, Anja und Paul von deinen Plänen überzeugen. Ein gemeinsamer Ideenworkshop soll es werden. Ein buntes und deshalb geniales Team. Aber ein verdammt schwieriger Einstieg wartet auf dich.

Bereite dich gut vor! Am besten schriftlich. So, dass Paul nachlesen kann und Details studieren kann. Halte Abstand. Vermeide Smalltalk. Komm zum Punkt. Schätze Pauls Expertenwissen und seine Struktur. Frag ihn, welche Bedenken er hat. Nenne Zahlen und Fakten. Vermeide Abenteuer und Risiken. Gib ihm Zeit. Auch für seine Entscheidung.

Starte mit Smalltalk. Ziehe dann aber die Bremse. Vor allem in kreativen Phasen. Stelle neue Kontakte in Aussicht. Erlaube Spinnen und Spaß. Erzähle Anja von den aufregenden und kreativen Seiten deines Projektes. Vermeide Details. Dränge auf eine Entscheidung. Jetzt.

Christian braucht Zeit zum Kennenlernen. Dich und dein Projekt. Erzähle ihm von deinem Plan. Langsam. Baue Misstrauen ab. Entschleunige weiter. Denke langfristig. Führe. Nagle ihn auf eine Entscheidung fest.

Begegne Roger selbstsicher. Beeindrucke ihn. Gewinne sein Interesse. Stelle Erfolge in Aussicht. Sei inhaltlich strukturiert, zeitlich effizient und auf kritische Fragen vorbereitet. Roger will gewinnen. Sofort. Er liebt Neues, Einzigartiges und Herausforderungen. Gib ihm all das.

**RANDNOTIZ ZU OBEN //** Wenn du mit jemandem überhaupt keine gemeinsame Basis findest, lass es sein. Lies Seite 97. Oder Seite 203. Oder überlege, wer dir helfen könnte, eine zu finden.

# ICH WEISS WANN DU STIRBST.

**WASHINGTON, 2013 //** Die medizinische Forschung macht es möglich: Zum Zeitpunkt der Geburt ist das exakte Datum deines natürlichen Todes errechenbar. Die Öffentlichkeit nimmt kaum wahr, dass eine Regierung ein neues Gesetz beschließt. Per 1.1.2020 soll in jeder Geburtsurkunde das Sterbedatum vermerkt werden.

„Erschreckend", findet ein Datenschützer.
„Genial", jubelt der Versicherungsvertreter.
„Ich frage mich, welche Auswirkungen das auf die Kriminalstatistik haben wird", fragt sich ein Beamter.

Und du? Was denkst du? Was ist Grundlage deiner Meinung? WAS auch immer du denkst: Versuche zu erkennen, WIE du denkst; ob deine Haltung auf bewussten Überlegungen oder konditionierten Denkmustern basiert.

Blättere um. Du findest eine einfache Denktechnik. Nutze dieses Beispiel, um das Werkzeug auszuprobieren. Viele Teilnehmer meiner Seminare halten es anfangs für *zu* einfach. Trotzdem bleibt es im Alltag in seiner Kiste. Im Seminar wird sie geöffnet. UNSICHTBARE DENKMUSTER WERDEN SICHTBAR.

Später, in Feedbackrunden, Telefonaten, Emails. Die gleichen Menschen erzählen mir: „Für mich ist diese Technik zum ständigen Begleiter geworden: im Beruf und in vielen privaten Momenten."

**MUSEUMSFRIEDHOF KRAMSACH, TIROL //**
Ein Friedhof ohne Tote. Zeugnis des urwüchsig kreativen Volkshumors im Alpenland.

Ein Science-Fiction Roman hat mich zum Beispiel nebenan geführt.
Sein Autor: Dr. Ivo Greiter. Einer der erfolgreichsten Wirtschaftsanwälte Österreichs.
Hättest du einem über 70jährigen Anwalt spontan zugetraut, ein Werk über ein so „abgefahrenes“ Thema zu schreiben? Der Roman ist nicht sein erstes Werk. Schon Jahre zuvor veröffentlicht er ein inspirierendes Lesebuch über Kreativitätstechniken für Verhandlungen im Alltag. Soviel zu Etiketten und Vorurteilen.
Danke für die schönen Gespräche, lieber Herr Greiter.

# JA. NE! WA?

Das vielleicht effektivste Denkwerkzeug dieses Buches.

**EINE INSZENIERUNG IN DREI DENKAKTEN //** Nimm Stift und Papier. Sofern du mich bei dieser Denkübung begleiten möchtest. Nutze das Beispiel auf Seite 42. Oder finde ein eigenes.

**JA. – ICH LASSE ZU //** Notiere alle POSITIVEN Aspekte.
Was ist gut an dem neuen Gesetz? Auch wenn die Antwort absurd klingt: Werte nicht. Unter keinen Umständen. Sammle so viele Argumente wie möglich.
Stoppe. Nach 120 Sekunden.

**NE! – GEHT GAR NICHT //** Notiere alle NEGATIVEN Aspekte.
Sammle so viele Argumente wie möglich.
Stoppe. Nach 120 Sekunden.

**WA? – ABER WAS... //** Was INTERESSIERT dich noch?
Welche Fragen wirft die Aussage auf? Werte nicht!
Lege den Stift beiseite. Nach 120 Sekunden.

Geordnete Gedanken auf Papier // Statt einem sich wild drehenden Gedankenkarussell im Kopf. Arbeite deine Notizen durch. Diskutiere sie mit anderen. Reflektiere. In Stille. Überrascht? Oder noch immer kein Zweifel an deiner Meinung?
Dir sind im ersten Akt Argumente eingefallen: Dann nutze dies als Signal dafür, dass jede „Da bin ich mir absolut Sicher"-Aussage nur deine Wahrheit widerspiegelt.
Und diese auch eine ganz andere sein könnte.

Edward de Bono nennt diese Technik PMI. Ich benenne sie hier um. Auch weil ich Abkürzungen, die aus drei Buchstaben bestehen, nicht mag. Es gibt ihrer zu viele. Und, weil ich sie einer Freundin widmen möchte. Auch wenn du es ganz anders meinst: Dein „Wa?" ist mir stets ein gerne empfangener Denkbefehl.

# DAS „WIE“ KOMPONIERT DAS „WAS“.

WIE ich denke, entscheidet über die Qualität dessen, WAS ich denke, wie ich urteile und handle, und wie sicher ich mir meiner Entscheidungen bin. Ich erkenne, welche Etiketten ich vergebe, welche Vorurteile ich habe, welche Denkmuster mich blockieren und in welche Denkfallen mich der unreflektierte Verstand zu locken versucht.

Meine Wahrnehmung erweitert sich. Neue Perspektiven zu alten Problemen. Das Werkzeug nebenan hilft, den Denker zu beobachten. Das Denken zu analysieren und zu verbessern. Ich nutze es zum Formulieren von Problemen, zum Bewerten von Ideen und dem Treffen von Entscheidungen. Am liebsten immer dann, wenn ich mir einer Sache GANZ GANZ SICHER BIN.

Setze unbedingt zeitliche Limits. Sonst verlierst du dich. Notiere alles, was dir einfällt. Werte nicht. Analysiere später. Sammle. Dann erst bilde dir eine Meinung und triff Entscheidungen. Die Qualität deines Denkens verbessert sich. Ebenso dein Entscheiden und Handeln.

Der Erfolg der Inszenierung dieses Werkzeugs liegt im Trennen der drei denkAkte. Das unterscheidet bewusstes anders|denken von unbewusstem Alltagsdenken. Struktur im Kopf. Das Denken in eine Box sperren. Um jenseits des Tellerrandes zu denken.

INNEN IST AUSSEN. ODER:
EIN ANDERES WIE KOMPONIERT EIN NEUES WAS.

Drei Arten von Problemen verfolgen mich:
Probleme, die ich selber lösen kann.
Probleme, zu deren Lösung ich andere Menschen brauche.
Probleme, die vorwiegend andere lösen (müssen).

Über welches lohnt es sich, vor allen anderen nachzudenken?
Und über welches denke ich tatsächlich ständig nach?

# Probleme.

# HOUSTON, WIR HABEN HIER EINE HERAUSFORDERUNG.

Jeder kann einen amtierenden Boxweltmeister herausfordern. Es gibt verschiedene Gründe, eine Herausforderung abzulehnen. Meist, um Problemen aus dem Weg zu gehen: Den Titel verlieren. Zu wenig Aufmerksamkeit erhalten. Zu wenig Geld kassieren. Die Lösung des Problems wird auf später verschoben. Auf einen Zeitpunkt, wenn keine Verschiebungen mehr möglich sind und eine Lösung gefunden werden MUSS.

Wenn plötzlich ein Mammut vor dir steht, so ist das ein Problem. Du löst es, indem du wegläufst. Oder du grübelst, ob du die Herausforderung annehmen sollst. Das tust du nur einmal. Dann nie wieder.
Kaum eines deiner Probleme ist ein „Es geht um Leben oder Tod"-Problem. Viele Alltagsprobleme sind bloße Einbildungen des Verstandes.
Aber: Wenn du schon einen Begriff benötigst, um eine Lebenssituation zu beschreiben, dann VERMEIDE DIE VERWENDUNG HYPNOTISIERENDER ETIKETTEN. Probleme in Herausforderungen umzuwandeln, ist rhetorischer Schwachsinn. Unfug von Theoriemechanikern. Eine Verniedlichung der Realität. Bei vielen Menschen mindert das die Motivation anzupacken und nach Alternativen zu suchen; um eine wirklich gute Lösung zu finden.

Eine Herausforderung kann ich annehmen. Oder ablehnen. EIN PROBLEM MUSS ICH *lösen*. Sonst war es nie eines. Zu viele Menschen identifizieren sich über Probleme – eigene und die „der Anderen".

**300.000 KILOMETER ÜBER DER ERDE //**
Die Sauerstofftanks der Odyssey explodieren. Ruhig murmelt Pilot Swigert in sein Mikrofon, das mit der rettenden Erde verbunden ist: „Houston. Wir haben hier eine Herausforderung.“ Die Antwort folgt prompt: „Lehnt sie ab.“

# JEDES PROBLEM LÖST SICH IN SEINER FRAGE.

Wenn es das nicht tut, hast du entweder falsch gefragt, oder das Problem falsch definiert.
Jede Reise beginnt mit dem ersten Schritt. Jede Problemlösung mit der Formulierung des Problems.
„Antworten sind nur so gut wie die gestellten Fragen", sagt das Wissen vieler Bücher.
„Ich bin unglücklich" ist weder Frage noch Problem. Also erwarte keine Lösung.
Was genau ist es, das dich glauben lässt, du seist unglücklich? Geht es um Geld? Deine Partnerschaft? Deinen Beruf? Was genau stört dich? Sind es die Kollegen? Die Arbeitszeiten? Die Tätigkeit? Vorgesetzte? Was noch?
Fragen über Fragen. Formuliere Suchfeld und Problem schriftlich. Schreiben hilft, um lösungsorientierte Fragen zu stellen; statt dem Verstand zu erlauben, mit Hilfe von Problemen das Gedankenchaos weiter zu verstärken (s.S.71). Verschwende nicht kostbare Zeit mit der Suche nach der Wurzel des Problems – du wirst sie nicht finden. Frage dich:

Was genau soll anders werden?
Welche optimale Situation wünsche ich mir?
An welcher Stelle fängt die Suche an?
Was liegt außerhalb des Suchfeldes?
Wann genau soll die Situation anders sein (s. S.180)?
Wie kann ich das Problem noch verstärken? (s. S.79)
In welchem Zusammenhang könnte es nützlich sein? (s. S.70)
Woran erkenne ich, dass das Problem gelöst ist? (s. S.64)

Oft liegt in der Frage bereits die Lösung.

Immer ihr Ansatz.

# DIE LÖSUNG DER BLOCKIERUNG IST DIE LÖSUNG.

Es ist nie einfach, Menschen von Neuem zu überzeugen. Vielleicht scheitert es am Verstehen deines Anliegens. Noch schwieriger wird es, wenn Andere deinen Standpunkt gar nicht verstehen WOLLEN. Dann bist Du eine echte Gefahr. – Für die Weiterexistenz ihrer festgefahrenen Ansichten, Eitelkeiten und Komfortzonen.

DAS GEGENTEIL VON ÜBERREDEN IST ZUSTIMMEN.
Sammle Argumente, um die andere Position weiter zu stärken. Vielen Menschen fällt es leichter, sich selbst zu bestätigen und an Gewohntes zu denken – statt sich über ein Leben in Neuland den Kopf zu zerbrechen..

*Frag das Gegenteil.*

ES KÖNNTE WUNDER WIRKEN.

**MAI, 2007 //** „Ich will meine Geschäftspartner motivieren, zusammen mit mir ein Blog zu schreiben. Ich bin mir ganz sicher, dass es für uns alle Vorteile bringt. Sie wollen nicht." 2007 sind Weblogs noch sehr erklärungsbedürftig. Manche erachten sie als „Klowände des Internet". So wie auch Jean-Remy von Matt, Gründer der Werbeagentur Jung von Matt.
**„10 GRÜNDE, WARUM WIR KEINESFALLS EIN BLOG BRAUCHEN" //** Diese Aufgabe klingt ungefährlicher. Wir sammeln Argumente, analysieren, diskutieren, bewerten, entscheiden. Wenig später startet die Gruppe ein Blog. Das erste Hotelblog im gesamten Alpenraum. Ein Artikel, den ich selbst über die Geschichte veröffentliche, ist mein meistgelesener des Jahres. Zitiert in Dissertationen und Fachzeitschriften.
Dabei hatten wir doch *nur* Vorurteile bestätigt?!

**7 JAHRE SPÄTER //** Die 4 bloggen noch immer.

# UNWISSENHEIT.

Ich liebe Football. Wie in anderen Sportarten ist vieles möglich. Football-Spiele sind spannend, weil wir das Ergebnis nicht kennen.

Glücksspiele mögen wir deshalb, weil wir im Vorfeld nicht wissen, wer gewinnt.

Manche Menschen erfreuen sich mehr an der Planung eines Urlaubs. Als am Urlaub selbst.

David Copperfield begeistert die Massen; weil er Rätsel aufgibt. Der Zauberer ohne Maske begeistert einige Wenige; wer will schon entzaubert werden.

Das Christkind ist sexy. Bis wir sein Geheimnis kennen. Dann verliert Weihnachten seinen magischen Zauber.

Kreuzworträtsel und Sudokus zu füllen ist spannender, als die Seite mit der Lösung durchzuarbeiten.

**VERKLEBUNG UND ZERSTÖRUNG //**
Der Hinweis nebenan ist nur für jene Menschen, die dieses Buch *nicht* über den Buchhandel oder Amazon & Co. gekauft haben.

„Unwissenheit ist spannender als Wissen“, lese ich bei Paul Arden und in diesem Buch steht auf Seite 163: „Nicht gewählte Alternativen haben einen höheren Reiz als gewählte.“

Wann war die Anziehungskraft dieser Seite größer: Bevor oder nachdem du die Verklebung gelöst hast?

Probleme sind spannender als Lösungen; weil wir den Weg nicht kennen. Und nicht wissen, welchen Erfahrungen wir auf unserer Reise begegnen werden.

# GASTGEBER SEIN, IM CASINO DER IDEEN.

**MACHE PROBLEME SPANNEND** // Du kannst ein Problem sachlich vortragen. Trocken, nüchtern, langweilig. Dann wirst du trockene, nüchterne, langweilige Reaktionen und Lösungsvorschläge ernten.

Wenn du zu Hause Gäste empfängst, holst du sie in der Regel an der Tür ab. Smalltalk. Geschichten erzählen. Aufwärmen für einen gemütlichen Abend.

In Workshops und Seminaren bin ich immer wieder darüber erstaunt, dass Menschen im Beruf anscheinend vergessen, wie sie in der selben Situation zu Hause handeln würden. So auch über Hans-Peter. Gewissenhaft hat er seine Hausaufgaben erledigt: Große Probleme in kleine zerlegt (vgl. S.62) und greifbare Fragen ausgearbeitet.
Er kramt seine Unterlagen hervor, legt sie vor sich auf den Tisch und stellt Frage für Frage.
Dass er kaum Antworten erhält, liegt auf der Hand.

Erzähle zum Einstieg eine Geschichte. Die Geschichte einer Welt, in der das Problem nicht mehr existiert.
Kribbeln in den Köpfen.
„Wie meint er das?" „Wie hat er das Problem gelöst?"
Menschen lieben Geschichten. Geschichten regen zum Nachdenken an. Zum Mitdenken. Und Vordenken.

Und VorDenker sind das, was du jetzt brauchst.

# FEGEFEUER DER EITELKEITEN.

**INNSBRUCK, 2008 //** Viele Unternehmen feiern runde Geburtstage. Diese Anwaltskanzlei feiert einen unrunden.

Hunderte Gäste werden zur „111 Jahre"-Feier geladen: aktive und pensionierte Politiker, bekannte und möchtegern-bekannte Menschen aus Wirtschaft und Gesellschaft. Freunde, Geschäftspartner und Kollegen.

Bei der Vorbereitung seiner Eröffnungsrede steht der Rechtsanwalt vor einem Dilemma:
„In welcher Reihenfolge soll ich die Gäste begrüßen? Viele Eitelkeiten wollen befriedigt werden."

Der große Tag. Dr. Ivo Greiter betritt die Bühne. In der ersten Reihe machen sich die Ehrengäste bereit. Dann die Überraschung: Anstatt das zu tun, worauf alle warten, nämlich das Erscheinen der Gäste zu huldigen, erzählt er eine Geschichte. Die lange Geschichte seiner Kanzlei. Erfolgserlebnisse, Erfindungen, Pioniertaten, Heldenleistungen, Fettnäpfchen, Scheitern.

Spannung pur. Hauptdarsteller und Nebenrollen werden von den im Saal Anwesenden besetzt. So fällt Name um Name. Zuerst jener der Reinigungsdame, denn sie ist „Schuld" daran, dass in der Kanzlei alle Geschäfte sauber abgewickelt werden.
Schmunzeln. Alle Eitelkeiten sind befriedigt.

# FRAGE, WAS DU IMMER SCHON GEFRAGT HAST. ERHALTE ANTWORTEN, DIE DU IMMER SCHON ERHALTEN HAST.

**ANDERE FRAGEN, NEUE PERSPEKTIVEN** // Formuliere eine Frage. Dann tausche die Worte. Wieder und wieder.

> „Ich möchte, dass mehr Kunden in mein Geschäft kommen." – Um was genau zu tun? Und wer sind deine Kunden?
> „Ich möchte in meinem Laden mehr Touristen mit regionalen Spezialitäten entzücken."
> „Ich möchte, dass alle Stammkunden meine neuen Kollektionen *haut*-nah erleben."
> „Ich möchte, dass (ab jetzt sofort und gleich) Kinder ihre Eltern in mein Geschäft locken."

Zeichne ein Bild der idealen Welt. DEINER idealen Welt. Tausche die Charaktere. Deren Handlungen. Tun. Orte. Nutze *Synonyme*: Ein Restaurant kann Weinlokal, Wirtshaus, Gaststätte, Quetsche sein. Anstatt „nur" zu essen kann ich tafeln, speisen, genießen, verzehren, verschlingen, dinieren. Formuliere immer wieder neu. Die synonymen Bedeutungen lösen sofort erste Assoziationen aus und helfen, Probleme besser zu formulieren. Fragen anders zu stellen. Um andere Antworten zu bekommen und Lösungen jenseits des Tellerrandes zu finden.

ANDERE DINGE ZU TUN, UM ANDERE ERGEBNISSE ZU ERZIELEN. Statt Frustration zu erzeugen. Wegen immer gleicher Resultate.

**SCHLAU IST DIE KURZE SICHT DER DINGE – DIE NAHAUFNAHME //** „Schlau; die Fähigkeit besitzend, seine Absichten mit geeigneten Mitteln, die anderen verborgen sind, oder auf die sie nicht kommen, zu erreichen; klug und durchtrieben; bauernschlau.“

**KLUG IST FERNSICHT – DURCH DAS WEITWINKELOBJEKTIV //** „Klug; mit scharfem Verstand, logischem Denkvermögen begabt, davon zeugend; intelligent; gebildet, gelehrt, lebenserfahren, weise; sinnvoll.“ (Quelle der Definitionen: Duden)

# IN FREMDEN SCHUHEN.

Formuliere Fragen mit den Worten anderer Menschen.
Je absurder umso besser.

Du suchst ein Geburtstagsgeschenk für deinen Partner.

Wie würde ein Clown ihn zum Lachen bringen?
Was würde sich ein Kind einfallen lassen?
Was, wenn er mit Freunden Junggesellenabschied feierte?
Was würde Dagobert Duck ihm (nicht) schenken?
Was würde Edward Snowden jetzt tun?
Womit würde ihn Cäsar beeindrucken?

Andere Fragen. *Andere Antworten*. Neue Ideen.

DIE LÖSUNG LIEGT IN DER FRAGE SELBST.

Antiquitätenhändler
Bundeskanzler
Choreograph
Dramatiker
Erfinder
Fotograf
Gärtner
Hirte
Illusionist
Jesus
Kaiserin
Landwirt
Mickey Mouse

WIE WÜRDE ...... ES LÖSEN?

Nerd
Oma
Prophet
Qi-Gong Lehrer
Rabbiner
Schuldirektor
Trickfilmzeichner
Uni-Professor
Verbrecher
Wilderer
Xylograph
Yoga-Lehrerin
Zugbegleiter

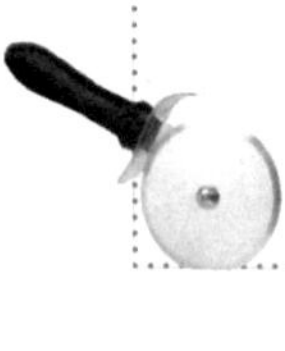

# KREATIVE KRISEN.

WIEN, 2012 // Valentin Hackl arbeitet in der Eventbranche. In den Arbeitspausen gibt es zu wenige Sitzmöglichkeiten und nicht genügend Tische zum Essen. Aus alten Paletten baut er Stühle und Tische. Spielt mit Stilbrüchen. Altes abgenutztes Holz erzählt gelebte Geschichten. Im Gewand modernen Großstadtdesigns. Auf einer Designmesse in Wien erntet er Lob und Bewunderung. Heute ist er Unternehmer. „Palettenmöbel“ nennt er seine Marke. Idee und Geschäftsmodell perfekt beschrieben. Mit nur einem Wort. Not macht erfinderisch. Und erfolgreich.

Sie ist zum Synonym für Geistesblitze mutiert. Wer hat sie erfunden? Jedes Kind kennt die Antwort: Thomas Edison. Stimmt. Aber nur teilweise. Tatsächlich greift Edison eine längst existente Idee auf: Elektrisches Licht für jeden Haushalt. Er entwickelt. Perfektioniert. Macht reproduzierbar. Leistbar. Und setzt jeden Schritt meisterhaft in Szene.

Es spielt keine Rolle, woher du Ideen nimmst. Wo du sie klaust.
Es zählt nur, was *du* daraus machst.

# DER KÖNIG DER DIEBE. THOMAS EDISON.

**NEW YORK, 1850ER JAHRE //** Eine Batterie wiegt mehrere Kilogramm. Schleppe sie in den fünften Stock deines Wohnhauses hoch. Dafür bringt sie dir neues Licht – elektrisches. „Ich bleibe bei der Öllampe. Viel bequemer. Offenes Feuer hin oder her." Der Nutzen von Heinrich Goebels Ansatz, mit dem er elektrisches Licht in jeden Haushalt bringen will, ist gleich Null. Fast 100 Jahre lang wird technisches Licht immer weiter verbessert. Keine der vielen Erfindungen setzt sich durch.

Dann folgt der große Auftritt von Edison. Er recherchiert. Er analysiert bestehende Erfindungen. Er kopiert. Verbessert immer weiter. Er entdeckt den Kohleglühfaden. Angeblich während des zufälligen Zerlegens eines Telefonhörers. Er entwickelt Kraftwerke, Stromleitungen, Sicherungen, Schalter und Messgeräte.

Er bewirbt seine Lösung öffentlich – ein Jahr bevor er sie findet. Damit setzt er sich selbst ein zeitliches Limit. Und lenkt frühzeitig sehr viel Aufmerksamkeit auf seine Erfindung. Später wird er das für eine andere Innovation wiederholen. Er wird das erste Skandalvideo aller Zeiten drehen, und so der Menschheit erklären, was eine Filmkamera ist.

Die Glühbirne ist Resultat jahrzehntelanger Entwicklung – nicht des Geistesblitzes eines Einzelnen. Nicht Resultat unstrukturierten Denkens und festgefahrener Sichtweisen. Das sind großartige Erfindungen nie.

# DAS MEER IST VIELE TROPFEN. JEDES GEWEBE IST VIELE FÄDEN.

Du musst Probleme erklären können, um brauchbare Lösungsvorschläge zu erhalten. Mache alles be-greif-bar. Eine unterschätzte und unterentwickelte Kunst.

**FORMULIERE ALLE FRAGEN SCHRIFTLICH** // Kurz, prägnant, ungewöhnlich. Niedergeschriebene Gedanken sind wie kunstvoll verwobene Geflechte. Wenn du sie greifbar vor dir hast, entdeckst du, welch wundervolles Muster die einzelnen Fäden spielen.

**ZERLEGE** // Trenne Faden für Faden aus dem Gewebe. Aus großen Problemen werden kleine.

**ANALYSIERE FADEN FÜR FADEN** // Löse Problem für Problem. Manchmal ist ein einziger Faden der Grund für einen Webfehler im Ganzen.

Das Zerlegen von großen Problemen in greifbare kleine, hat einen angenehmen Nebeneffekt: Du demotivierst dich und andere nicht mit unrealistischen Ansprüchen an Lösungen.

„Mein Hotel ist eine einzige Katastrophe. Was soll ich verbessern?“ fragt Paul im Seminar seine Kollegen. Langes Schweigen. Auf sein Drängen folgen vereinzelt schüchterne Ansätze – ohne erkennbare Basis für eine strukturierte Lösung. Das Problem ist zu unhandlich. Nicht beGreifbar. Zu groß, um es lösen zu *können*. Es überhaupt lösen zu *wollen*.

Gemeinsam erstellen wir eine ABC Liste (s. S.134). Zu jedem Buchstaben ein spontan assoziierter Begriff. A wie Angebot. E wie einzigartig sein. S wie Sport. Oder Spezialisierung. Neue Perspektiven formen sich.

„Ich wollte mich immer schon spezialisieren. Am liebsten auf Sportler. Dafür hat mein Haus tolle Voraussetzungen. Welche Randsportarten fallen euch ein? Was wenn der Partner des Gastes kein Sportler ist? Warum könnte er/sie dennoch mitkommen?“

Die Ideen fließen. Lösungsorientiert – statt chaotisch. Heute ist das Haus auf Biathleten spezialisiert; als einziges in der Region. Viele Hobbysportler reisen gemeinsam mit ihren Familien an. Viele immer wieder.

# RÜCKSPIEGEL.

Ein Labyrinth. In der Mitte wartet ein Tortenstück. Fünf Eingänge. Nur ein Weg führt zur Belohnung.
Welchen wählst du?

Jedes Kind weiß, dass der schnellste Weg zur Lösung rückwärts führt. ENDE IST ANFANG. Denke an ein aktuelles Problem. Was soll anders werden? Schreibe deine Antwort auf diese Seite.
Dann stelle das Buch auf den Kopf.

Ich möchte, dass ...

Versteife dich nicht auf die Suche nach Ursachen. Denke lösungsorientiert. Stelle dir vor, dein Problem sei seit heute Morgen gelöst. JETZT REFLEKTIERE.

Was hast du getan, um zur Torte zu gelangen?
Was genau ist jetzt anders?
Welche Schritte waren nötig?
Wer hat dir dabei geholfen?
Welche innere Einstellung brauchtest du?
Welche Entscheidungen musstest du treffen?
Welche Ressourcen hast du benötigt?
Was konntest du ganz alleine lösen?
[...]

Denkblockaden lösen sich auf. Wie Nebelschleier. Perspektiven werden sichtbar. Die Gedanken fließen.
IN NEUE RICHTUNGEN.

**TIMEOUT //** Den Weg durch dieses Labyrinth findest du mit einer anderen Strategie. Oder auf meuterei-des-denkens.com. Es gibt immer Alternativen. Zu jeder Regel. Zu jedem Tipp. Zu jeder Idee. DESHALB IST DIESES BUCH KEIN RATGEBER MIT FERTIGEM KONZEPT.

# WANDERN IST ZUM KOTZEN.

**SOMMER, 2011 //** Sie sagt diese Worte tatsächlich so.
Und das mit ihren sechs Jahren. Auch ihr Bruder nickt zustimmend.
So „schön“ kann die Planung einer Wanderung sein.

Wir spielen ein Spiel. Kinder lieben Spiele. Erwachsene auch.
Es gibt nur eine einzige Regel:
Jeder Satz muss mit „Ja, und...“ beginnen.

„Morgen machen wir eine Bergwanderung."
„Ja, und wir nehmen Freunde mit."
„Ja, und im Murmeltiertal zeigen wir ihnen Murmeltiere."
„Ja, und weiter oben Gemsen."
„Ja, und wir schießen Fotos."
„Ja, und wir suchen Bergkristalle."
„Ja, und wir werden einen Schatz finden."
„Ja, und wir schreiben ein Gedicht ins Gipfelbuch." [...]

Keine langen Gesichter mehr. Stattdessen beginnt das Abenteuer schon einen Tag früher: Für den Gipfelbucheintrag ein Gedicht verfassen. Geocaching Koordinaten notieren. Die Hüttenbücher nach ihrem Wissen über Adler und Murmeltiere befragen. Die Wegstrecke ist Schauplatz einiger Märchen und Sagen. „Erzähl mir die vom Kasermandl." Ein gemütlicher Abend mit Geschichten, Vorfreude und gegenwärtiger Freude.

Spiele das Spiel anders. Ersetze das „Ja, und..." durch ein „Ja, aber...". Der Tag wird ganz anders verlaufen.

Wie viele „Ja, aber" wirst du im nächsten Meeting zählen? Wie oft wirst du selbst „Ja, aber..." sagen?

Bewusst eingesetzt, kann „Ja, aber..." sehr hilfreich sein. Zum Überprüfen von Ideen. Oder zum Aufspüren von Suchfeldern. „Ja, aber wer unterstützt mich bei der Umsetzung?" „Ja, aber was, wenn ich die Verpackung weg lasse?" Kombiniere „Ja, aber..." mit der Sternschnuppen-Technik von Seite 156.

# ZIEMLICH BESTE FEINDE.

**GARDEN CITY, KANSAS, 1994** // Das Internet liegt noch in der Wiege. Linda Katz möchte lernen, Internetseiten zu programmieren. Eine Familien-Homepage soll es werden. Für Freunde und entfernt wohnende Verwandte. Authentisch. Ein witziger Einstieg. Etwas, das Besucher zum Schmunzeln bringt.
Sie stellt ein Foto ein. Es zeigt ihr größtes Ärgernis. Eines, das jeder Landwirt in Kansas hasst: Tumbleweeds – Steppenläufer. Pflanzenteile, Früchte, Samen, die vom Wind getrieben über den Boden rollen. Sie kommen in allen Westernfilmen vor.
Die Internetseite bekommt ebenfalls den Namen des geliebten Feindes: „Prairie Tumbleweed Farm".

**ZWEI WOCHEN SPÄTER** // Das erste Email trifft ein. Abgeschickt vom anderen Ende der USA. Der Text überrascht Linda.
„Wir möchten Tumbleweeds bestellen; als Dekoration für unsere Hochzeitsfeier."
Bald darauf wieder ein Mail. Der Absender ist Barney. Ja, *der* Barney, der kleine lila Dinosaurier aus dem Fernsehen. Die Produktionsfirma braucht Tumbleweeds.

Aus Lindas Ärgernis entwächst eine Leidenschaft. Aus einer Internetseite eine Farm, die keine ist. Auf der selben grässlichen Seite, die sie 1994 aufgesetzt hat, betreibt Linda auch 20 Jahre später noch ihren Online-Shop – und verkauft Tumbleweeds in alle Welt.

Was genau ärgert mich? Welche Lebensbereiche beeinflusst es? Wer könnte mich um mein Ärgernis beneiden? In welchem Zusammenhang könnte es sogar nützlich sein? Was würde ich vermissen, wenn es nicht mehr da wäre? Was muss ich tun, damit mein Ärger noch größer wird? Welche Vorteile bringt das Ärgernis mit sich? – Für mich? – Für Andere? Was kann ich aus meinem Ärgernis schaffen, damit Andere es unbedingt haben wollen?

Betrachte das Problem als seine Lösung. Statt als Ärgernis.

# LA-LE-LU. STIMME IM BAUCH.

**RAMSAU, 2010 //** Daniela Larch ist Juristin. Sie erwartet ihr erstes Kind. „Ich brauche eine Babytrage.“ Modisch soll sie sein, funktionell und für Mutter und Baby höchsten Komfort bieten.

Sie testet mehrere Modelle. Wirklich glücklich ist sie mit keinem. Zu wenig modern, zu unbequem, zu ungesund für das Baby. Außerdem: Babies wachsen, Tragen tun das nicht; Babytücher schon. Das Gedankenkarussell dreht sich.

„Wie kann ich die Vorteile von Tuch und Trage vereinen?“

Die Frage beschäftigt, inspiriert und motiviert sie. Daniela entwickelt ein weltweit einzigartiges Produkt.

Es erfüllt all ihre Ansprüche. Wächst sogar mit dem Baby mit. Und das begeistert auch viele andere.

2012 gewinnt sie einen Jungunternehmerpreis. Ihre patentierten Tragen verkauft sie in die ganze Welt.

Und sie entwickelt weiter. „Nur niemals stehenbleiben. Immer zwei Schritte voraus sein.“

LÖSE EIN EIGENES PROBLEM UND REDE DARÜBER. ANDERE MENSCHEN KÖNNTEN DAS SELBE HABEN.

Viel Erfolg, auf deinem Weg, Daniela.

# 376 728 417 827 579 197 797 271 475 567
# 217 937 673 753 378 761 592 827 931 156

„Welchen Vorteil hat es, wenn ich meine Probleme und Fragen schriftlich formuliere?“ fragt mich Stefan während eines Coachings.
Lies die Ziffernblöcke in der ersten Zeile der Überschrift dieser Seite. Was haben die Zahlenkombinationen gemeinsam? Welches Muster kannst du erkennen?

In allen Zahlen kommt die Ziffer Sieben vor.

Versuche, das gleiche noch einmal zu tun. Mit den Blöcken der zweiten Zeile. Welche Eigenschaft teilen diese Zahlen?

Eine Ziffer kommt in keiner Zahl vor. Mit diesem Hinweis erkennst du das Muster sofort…

Es ist ungleich schwieriger, Dinge zu erkennen, die nicht sind. Als Dinge, die sind. Probleme, die du nur im Kopf formulierst, sind – und sind nicht.
Wenn du Fragen aufschreibst, machst du Unsichtbares sichtbar. Du kannst es besser greifen, verständlicher erklären und effektiver lösen.

**REITH, 2010 //** „Wir haben einen großen Standortnachteil“, klagt die Familie im Workshop. „Unser Hotel liegt in einem Ort, in dem die Zeit stehen geblieben ist. Im Tal nebenan nächtigen Millionen Menschen. Hierher verschlägt es zu wenige.“
Schleichend aber kontinuierlich, hat sich die Sicherheitszone von der Komfortzone entfernt. Das alte Geschäftsmodell funktioniert nicht mehr. Zeit, Neuland zu erobern. Zeit, die vermeintliche Schwäche als Vorteil zu nutzen.
Familie Peer spezialisiert sich auf die Lehre von Hildegard von Bingen. Ganzheitlich. Ohne faule (Marketing-)Kompromisse. Heute ist das Hotel eines von nur 48 weltweit, die für ihre hohe Kompetenz im SPA ausgezeichnet wurden.

# INKOMPETENT SEIN.

**DAMALS, GERADE MAL SIEBEN JAHRE ALT //** ... beobachte ich meine Mutter beim Autofahren. Alles ist so einfach. Am Lenkrad drehen. Den Schaltknüppel bewegen. Gas geben.
**10 JAHRE SPÄTER //** Draußen am Feldweg. Mein Vater flucht. Angestoßen. Das Knie tagelang blau geschwollen.
Anfahren ist wohl doch schwerer als gedacht.
**FAHRPRÜFUNG //** Ich nähere mich der Kreuzung. Checkliste im Kopf. Fuß vom Gas. Spiegelblick. Bremsen. Kuppeln. Schalten. Noch mehr bremsen. Anhalten.
**HEUTE //** Alles geht von selbst. Sogar das Niederschreiben der Abläufe fällt schwer. Den Prozess automatisiert. Gewohnheiten konditioniert. Denken überflüssig.

**EIN ENTWICKLUNGS-DRAMA IN VIER AKTEN //** Vom unbewusst inkompetenten Kind zum bewusst inkompetenten Anfänger. Vom bewusst kompetenten Fahrschüler zum unbewusst kompetenten Fahrer.

In welchem Akt habe ich am meisten gelernt? Wann war meine Aufmerksamkeit am größten? Wann war ich besonders offen für neue Erfahrungen? Für eine Reise nach Neuland.

Ich begebe mich immer wieder gerne in einen Zustand bewusster Inkompetenz. Er lässt neue Erfahrungen zu und führt zu anderen Ergebnissen, denn...

*Arroganz* und Alles besser wissen sind die grössten Sünden des Denkens.

# WAS NORMAN BATES UND DEINE IDEEN GEMEINSAM HABEN.

Beide könnten dir in der Dusche begegnen.

Da blitzt er kurz auf. Wie eine Sternschnuppe. Ich will ihn festhalten. Für den Moment gelingt es. Wenig später ist er weg – der Gedanke. Begraben unter anderen. Spurlos verschwunden. Irgendwo in den Tiefen der Speichermasse unter meinen Haaren.

Verstreut liegen sie überall im Haus herum. Jetzt gerade dürften es sieben sein: Meine Moleskine Notizbücher. Immer ist eines in Griffweite. Vieles gerät zu leicht in Vergessenheit. Im Schrank stapeln sich 37 weitere. Bei Edison findet man nach seinem Tod knapp 4.000.

Die Skizzen und Texte faszinieren immer wieder aufs Neue. Welch einmalige Fundgrube.
„Darüber habe ich mir den Kopf zerbrochen?! Wie sah die Lösung aus? Wie kam sie zustande?"

Alte Notizen führen mich auf die Fährte des Titels dieses Buches: „Meuterei im Kopf" kritzle ich vor 15 Jahren in mein Notizbuch. Keine Ahnung, wie ich auf diesen Gedanken kam. Bis unlängst habe ich auch nie mehr daran gedacht. Und schon gar nicht mit einem ungeschriebenen Buch in Verbindung gebracht.

**DIE AUSREDE //** „Ich darf während des Autofahrens nicht schreiben."
*EINE* **LÖSUNG //** Im Internet warten dutzende Diktier-Apps darauf, dass du sie auf dein Smartphone lädst. – Das hast du bestimmt immer dabei. Außer (vielleicht) in der Dusche.

„Hast du ein Problem für mich?“ Eine wundervolle Frage, die immer inspiriert. Und die du nie oft genug stellen kannst.

„Ich habe die besten Ideen in der Dusche.“ Dafür gibt es längst wasserfeste Notizblöcke. Samt Schreibzubehör. AquaNotes® sind die besseren Post-it®. Weil sie auch in der Dusche funktionieren!

Die Erfinder dieses Must-Have für jede Dusche haben zugehört: Jenen vielen Gesprächen, in denen Menschen behaupten, dass sie die besten Ideen in der Dusche hätten. Wofür es übrigens einen guten Grund gibt, doch der ist Thema in meinem nächsten Buch – und steht längst auf meinen AquaNotes und Fensterscheiben (s. S.77).

# SEX IM DUNKEL.

„Mein Chef und ich reden ständig aneinander vorbei.“ Das kann viele Gründe haben. Oder: Er *will* bzw. *kann* dich nicht verstehen.

Die Wahrscheinlichkeit, dass zwei Menschen sich gegenseitig ihre volle Aufmerksamkeit schenken, beträgt eins zu ...?
„Zwei“, höre ich dich sagen.
Tatsächlich beträgt sie nur eins zu vier.

Stelle dir deine Aufmerksamkeit als einen Lichtschalter vor, bei dem es zwei Möglichkeiten gibt: ON oder OFF. Die gleichen Optionen hat der Schalter deiner Gesprächspartnerin. Es gibt vier Ebenen, auf denen sich eure Gedanken paaren *könnten*: ON(du)/OFF(sie), OFF/OFF, OFF/ON, ON/ON. Aber nur auf *einer*, der vierten Ebene, vollzieht sich das wirklich erfüllende Liebesspiel.

In einem Vortrag habe ich gestern zu 60 Teilnehmern gesprochen. Wie hoch ist die Wahrscheinlichkeit, dass mir alle 60 Menschen zugehört haben? 60 Schalter könnten auf AN oder AUS stehen. Die Chance, dass alle Teilnehmer meinen Worten gefolgt sind, beträgt mathematisch ausgedrückt $1:2^{60}$.
Als geschriebene Zahl: 1 : 1.152.921.504.606.846.976.
In schockierenden Worten: eins zu einer Trillion!

„Du brauchst einen verdammt guten Einstieg“, steht so (oder so ähnlich) an einigen Stellen dieses Buches. – Jetzt weißt du warum.

Danke, Timo! Ich habe diesen Vergleich vor Jahren bei dir im Blog gefunden.

# DURCHBLICK.

Stichworte, Mindmaps, Skizzen. Das erste Konzept für dieses Buch entsteht auf einer Fensterscheibe. Dort steht es bis heute. Meine Mona Lisa. Mit ständig wechselnden Zügen. Neues kommt hinzu. Anderes wische ich ab.

Die breiten Fenster sind Freiheit – und Abwechslung zu Flipcharts und Pinnwänden in sterilen Seminar- und Besprechungsräumen. Die Struktur übernimmt die Natur. Visionen über der Nordkette. Denktechniken im Feld unter mir. Fragen und Probleme kommen an die Stacheln der Kakteen. Immer wieder besuchen meine Gedanken die Notizen. Gleichzeitig nehmen sie mehr mit. Jetzt eben die frisch verschneiten Spitzen der Berge im Sonnenuntergang.

Kritzeln auf Fenstern macht Spaß. Befreit vom Druck des Daran-Denken-Müssens. Schafft Raum im Kopf. Für neue Gedanken. Probier es aus.
Fenster gibt es überall.

Spiegelbilder entstehen in stillem Wasser. Nicht im reißenden Strom.

# SPIEGELBILD DES GRAUENS.

**FORMULIERE EIN PROBLEM //** Dann finde Lösungen für das Gegenteil. Alternativen, die zu dem führen, was du ganz sicher *nicht* willst. Du entdeckst neue Suchfelder. Und schaust Problemen ins Auge, die im Unterbewusstsein wilde Orgien feiern.

Was muss ich tun, damit...
... ich in meinem Job unglücklich werde?
... meine Kinder jede Lust auf Lernen verlieren?
... meine Beziehung garantiert scheitert?
... keine Gäste mehr in mein Hotel kommen?
... ich die schlechtesten Restaurantbewertungen erhalte?
... niemand mehr meine Produkte kauft?
... unsere Lieferzeiten unerträglich lang werden?

**BRAINSTORME //** Mit dir selbst und mit anderen. Was erzählt der Spiegel? „Unsere Lieferzeiten sind für meine Kunden schon jetzt unerträglich lang. Aber das will die Zentrale nicht hören."
**MACH ES NOCH UNERTRÄGLICHER //** Heute wird das Headquarter nicht nur mit Klagen beworfen, sondern erhält zahlreiche Vorschläge, damit Kunden *schon morgen noch länger* auf ihre Lieferungen warten. „Diesen Punkt haben wir doch schon umgesetzt", lacht ein Manager. Endlich *will* er das Problem sehen; sogar mit einem Lächeln im Gesicht. Innerhalb weniger Stunden sind „echte" Lösungen erarbeitet. Zwei Monate später reduzieren sich die Lieferzeiten auf ein Drittel der ursprünglichen. Sechs Monate später auf ein Fünftel.

Annehmen, was ist. Mit Mut, Ehrlichkeit und einer gesunden Portion Humor. Nicht immer sind Spiegelbilder der Realität einfach zu ertragen. Begegne ihnen mit Offenheit.
SPIEGEL LÜGEN NICHT.

Gleiche Menschen in gleichen Anzügen, weissen Hemden, geschmacklos braven Krawatten. Sie reisen auf den gleichen Strassen, sitzen in den gleichen Business Lounges, besuchen die gleichen Seminare, lesen die selben Zeitungen und sogar ihre Berater tragen die gleichen McNamen. Gleiche Menschen mit gleichen Ideen, gleichem Tun, gleichen Strategien, gleichen Resultaten.

Wenn du nur eine einzige Kuchenform besitzt. Bäckst du dann immer den selben Kuchen?

# Inspiriert. Sein.

# JENSEITS DES TELLERRANDS.

**BALTIMORE, 1837 //** „Da hab ich endlich das Morsen erfunden, dann scheitert meine Erfindung an der Entfernung zwischen Sender und Empfänger“, denkt Samuel Morse. Er gilt als Erfinder der Telegrafie. Doch diese eignet sich in ihren jungen Tagen lediglich für Nahübertragungen. Mit anderen Worten: Sie ist nutzlos.

Irgendwann unternimmt Morse eine Reise mit der Postkutsche. Er hat es eilig und ärgert sich über die ständigen Pausen der Kutscher. Wozu diese Pausen? „Es liegt an den Pferden. Sie sind müde“, erklärt ihm der Kutscher. „Sie schaffen es nicht weiter. Nicht in dieser Geschwindigkeit. Deshalb tauschen wir sie immer wieder.“ Morse schmunzelt und bedankt sich für die Aufklärung. Und für die Lösung seines technischen Problems der müden Signale. „Meine Signale sind Pferde. Ich muss sie immer wieder tauschen. Dann schaffen sie es um die ganze Welt.“ Hervorragend quer|gedacht, Herr Morse.

Benchmarking hast du lange genug betrieben. Deine Branche kennst du. Du kennst sie besser, als alle Berater, die dir dein Geld aus der Tasche ziehen wollen.

**ZEIT, AUF** *Reisen* **ZU GEHEN.**

Beobachten. Adaptieren. In anderen Geschäftsmodellen erkennen. Andere Leistungen erfahren. Andere Orte besuchen. Dort schlummern jene Inspirationen, die dich jetzt weiterbringen.

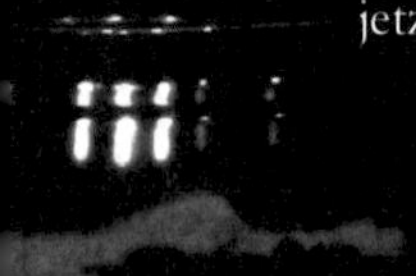

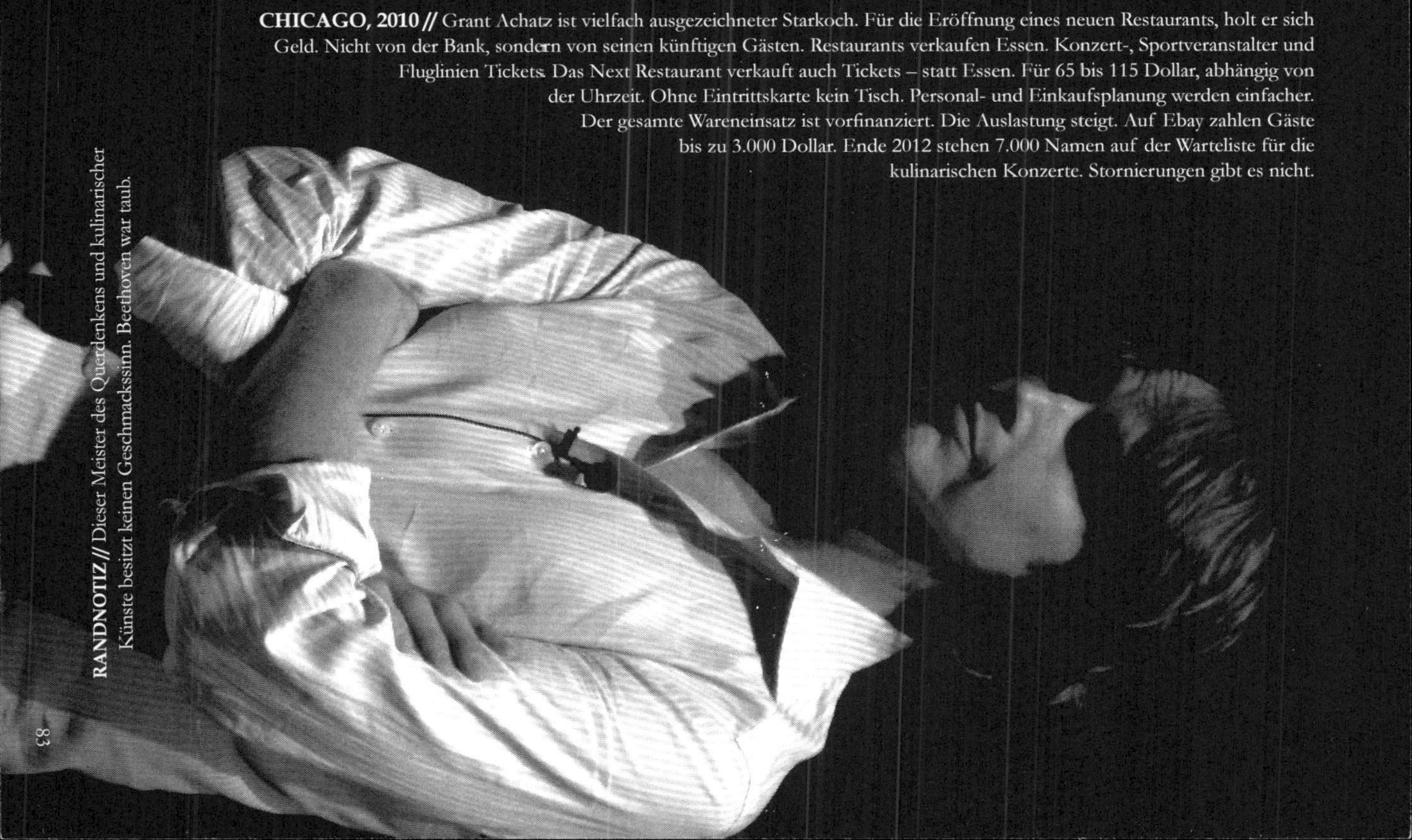

**CHICAGO, 2010 //** Grant Achatz ist vielfach ausgezeichneter Starkoch. Für die Eröffnung eines neuen Restaurants, holt er sich Geld. Nicht von der Bank, sondern von seinen künftigen Gästen. Restaurants verkaufen Essen. Konzert-, Sportveranstalter und Fluglinien Tickets. Das Next Restaurant verkauft auch Tickets – statt Essen. Für 65 bis 115 Dollar, abhängig von der Uhrzeit. Ohne Eintrittskarte kein Tisch. Personal- und Einkaufsplanung werden einfacher. Der gesamte Wareneinsatz ist vorfinanziert. Die Auslastung steigt. Auf Ebay zahlen Gäste bis zu 3.000 Dollar. Ende 2012 stehen 7.000 Namen auf der Warteliste für die kulinarischen Konzerte. Stornierungen gibt es nicht.

**RANDNOTIZ //** Dieser Meister des Querdenkens und kulinarischer Künste besitzt keinen Geschmackssinn. Beethoven war taub.

# REGEN REGT ~~AUF.~~ an

*„Was muss man im Café? Nur sein.*
*Man kann fast alles, aber man muss fast nichts.*
*Das Café ist ein Freiheitsraum.*
*Der Mocca ist nur der Eintrittspreis."*

Hans Weigel, Wiener Schriftsteller

Wie wunderbar sie ist. Die Atmosphäre von Kaffeehäusern. Geräusche, unterschiedlichste Menschen, Düfte, Eindrücke, Gespräche. Hier sind die Gedanken frei, und das nutzen sie schamlos aus. In absoluter Isolation sind Menschen zu weniger kreativen Leistungen fähig. Die Mischung zwischen Ruhe und Unruhe fördert den kreativen Fluss des Denkens.

Oft genieße ich die beruhigende Geräuschkulisse des Kaffeehauses auch in der Bahn. Oder im Flugzeug. Dank Internetseiten wie Coffitivity.com, folgt sie mir überall hin. Auf Sounddrown.com kann ich die Geräusche nach Belieben mischen: flackerndes Feuer mit Regen, Vogelgezwitscher mit Meeresrauschen.

Freude! Draußen regnet es. Die Tropfen prasseln auf das flache Dach meines Büros. Sie drängen mich geradezu, dieses Beispiel aufzuschreiben. Es steht nicht im Konzept. ICH LIEBE KAFFEEHÄUSER.
UND REGENTAGE.

**NOTIZ AM RANDE** // Coffitivity wird 2012 zu einer der 100 besten Webseiten der Welt gekürt. Wegen seiner Einfachheit. Und einer großartigen Idee.

# ICH BIN NICHT KREATIV.

„... denn wenn ich über etwas nachdenke, komme ich zu keiner Lösung", klagt ein Teilnehmer im Seminar.

**STUNDEN SPÄTER //** Wir arbeiten an Antworten zu deinen Fragen. An Ideen für ein neues Angebot für dein Geschäft.
Was begeistert deine Kunden? An welchen Stellschrauben kannst du drehen? Welche Stellungen gibt es für jede einzelne Schraube?
Ein ungreifbar großes Problem ist zerlegt. In viele kleine Bausteine. Fragen sind gestellt. Endlich. Zeit für kreative Vorschläge.
„Ich bin immer noch nicht kreativ..."

Tatsächlich bist du ein Meister kreativen Denkens.
Jeden geschenkten Gedanken der Gruppe fegst du vom Tisch. Du erstickst den Ideenfluss im Keim. Mit absolut überzeugenden Argumenten.
Glückwunsch. Du bist der Kreativste aller Teilnehmer. Dein Potenzial schöpfst du voll aus. Du sammelst Alternativen, formulierst Argumente und erklärst, warum es so bestimmt nicht funktionieren wird.

Sorge dich nicht: Du bist überdurchschnittlich kreativ.
Jetzt ist nur ein verdammt schlechter Zeitpunkt.
Für *diese* Art von Kreativität.

# WER HATS ERFUNDEN?

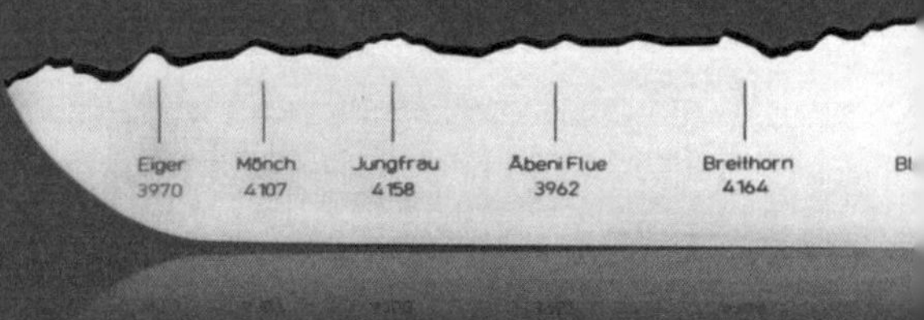


**COMMUGNY, 1941 //** George de Mestral kommt von einem Spaziergang nach Hause. Er betrachtet das Fell seines Hundes. Darauf haften Klettfrüchte. So wie auf seiner Kleidung. Er sieht sich die Stacheln genauer an. Dann paart er Stachel mit Reißverschluss. 1951 meldet er ein Patent an: den Klettverschluss. Die Natur ist ein hervorragendes Doping für das Denken. So wie Filme. Wie Bücher. Wie Songtexte. Wie Gemälde. Wie Kunstwerke. Wie Spaziergänge.

Wie so Vieles, an dem wir Tag für Tag blind vorbei laufen.

**ERMATINGEN, 2012 //** Ein nebeliger Septembermorgen. Der schweizer Hotelier Andy Hostettler, fährt über den Seerücken seiner Heimat. Dann taucht er auf, der Säntis. Zusammen mit seinen Nachbarbergen durchschneidet er den dichten Nebel. Legt Panoramen frei – und den Blick auf eine einmalige Idee: ein Messer mit der Klinge des geliebten Alpenpanoramas. Heute produziert das Familienunternehmen hochwertige Messer. Mit Motiven aus dem gesamten Alpenraum. Verkauft werden sie in die ganze Welt. Inspirationen schlummern überall.
Auch am Weg zur Arbeit.

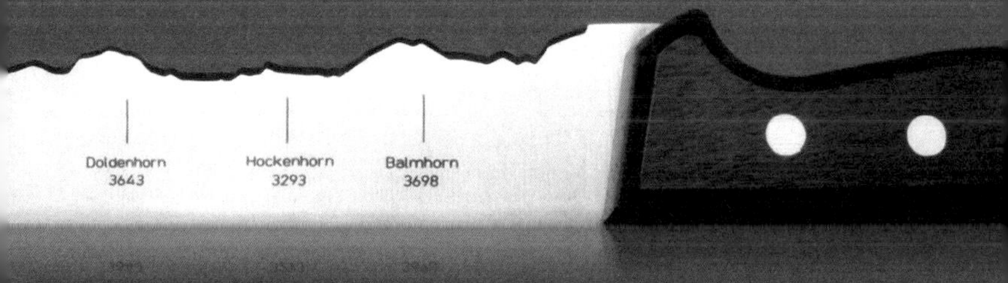

# ANGST VOR SPINNEN.

**DAYTON, 1960 //** Wissenschaftler verwenden erstmalig den Begriff „Bionik“. Ein Kunstwort. Verschmolzen aus Biologie und Technik Es steht für das Übertragen von Phänomenen der Natur auf die Technik. Große Philosophen, Mathematiker, Urvölker, Leonardo da Vinci. Menschen hat die Natur schon immer inspiriert. Ohne, dass sie ein Kunstwort dafür benötigt haben.

Auf der Flucht drücken Kraken Wasser durch einen Trichter vom Inneren des Körpers nach außen – das Rückstoßprinzip von Triebwerken. Auch die Erfindung von Saugnäpfen verdanken wir diesen Tieren.

Delphin und Fledermaus nutzen Sonar und Echolot. Die Idee zum Propeller stammt von Früchten der Ahornbäume. Spritzen kopieren wir von den Stacheln der Bienen. Schwimmflossen von Fröschen und Wasservögeln.

Viele Menschen ekeln sich vor Spinnen. Dennoch gebrauchen wir täglich ein Produkt, das auf dem System von Spinnennetzen basiert. Die Konsistenz dieser technisch hoch ausgereiften Geflechte inspiriert Ingenieure zur Verbesserung von Gummimischungen und Reifenprofilen. Für alle heute verwendeten Autoreifen.

**ICH SEHE MICH UM //** Hier, wo ich jetzt schreibe. Welche Eigenschaft eines beliebigen Gegenstandes kann ich für dieses Buch nutzen? Neben mir flackert eine Kerze. Ihr Lichtschimmer ist es, der eine Seite weiter hinten in diesem Buch illustriert.

# EINZIGARTIG SEIN.

Willkommen im Supermarkt der Inspirationen. Musik. [illegible] Bücher. Fotos. Gemälde. Kunstwerke. Plakate. Einrichtungshäuser. Litfaßsäulen. Ausstellungen. Architektur. Zitate. Träume. Ideen lauern überall. Bediene dich. Klaue. Kopiere. Adaptiere. Verbessere. „Es spielt keine Rolle, wo du kopierst. Es kommt darauf an, was du daraus machst", steht weiter vorne in diesem Buch.

Verbinde alles mit deinem Stil. Lade es mit deinem Herzblut auf. Gib deinen Ideen eine Seele. Deinen Produkten. Deinen Leistungen. Jedem Teilchen deines Schaffens. Freue dich, wenn andere dich kopieren. Wenn die Kopien fertig sind, bist du längst drei Schritte weiter.

Erlaubt oder nicht: Alles ist kopierbar. Egal was Berater, Strategen, Marketing- und Werbemenschen dir einreden: Es gibt keine Alleinstellungsmerkmale – sogenannte USPs. Mit einer einzigen Ausnahme: Was niemals kopiert werden kann, bist Du selbst. Das ist dein wahres Alleinstellungsmerkmal. Menschen bleiben immer einzigartig. Und nicht kopierbar.

*Spuren* hinterlassen. Statt *Staub*.

# LEICHEN IM KELLER.

*„Recycling, ich nenne es Down-cycling. Sie schlagen Steine kaputt, sie schlagen alles kaputt. Was wir brauchen, ist Up-cycling, bei dem alte Produkte einen höheren Wert erhalten, keinen geringeren."*

Reiner Pilz, Ingenieur

**AUS ALT MACH NEU //** Ich gehe in die Garage, den Keller oder auf den Dachboden. Finde jede Menge altes Zeug. Gerümpel, das schon lange niemand mehr benutzt. Bestimmt für die Müllhalde.

Bücher, Zeitschriften, Koffer, Fensterrahmen, Tische, Besteck, Geschirr, Paletten, Töpfe, Pfannen, Kaffeekannen, Flaschen, Reifen, Rohre, Schläuche, Dosen, Tennisschläger, Bälle, Kanister, Gartenwerkzeug, Wäscheklammern, Schallplatten, Steine, Muscheln, Korken, Kanister, Bügeleisen, Uhren, Nummernschilder, Ansichtskarten, Briefe, ...

Jedem Gegenstand ist ein ursprünglicher Zweck zugedacht. All diese Gegenstände kann ich auf dutzende andere Arten verwenden und dabei ihren Wert sogar erhöhen. Sinnen über alternative Einsatzmöglichkeiten: EIN GUTES TRAINING. ZUM ANDERS | DENKEN.

PS: Nimm Kinder mit. Sie sind ausgezeichnete Querdenker.

„Lösungen" und Anregungen zu allen oben genannten Gegenständen (und vielen anderen) findest du in meinem Blog andersdenken.at unter dem Suchbegriff „Upcycling".

# EINFACH MAL DIE WELT VERÄNDERN.

„From the very beginning I had one dream", erzählt mir Bethlehem Tilahun Alemu. „To see soleRebels become as ubiquitous as Apple."

**ADDIS ABEBA, 2005 //** Sie lebt in einem der ärmsten Teile Äthiopiens. Von ihrer Familie leiht sie sich Geld. Ein Unternehmen will sie gründen. Menschen zu bezahlter Arbeit verhelfen. Aber was tun, wenn der Zugang zu Produktionsmaterial fehlt? Minus mal Minus ergibt Plus. Kombiniere zwei Probleme und erhalte eine Lösung für beide. Die Entsorgung alter Autoreifen führt in Äthiopien zu vielen Problemen. Bethlehem sammelt die abgenutzten Reifen. Verarbeitet den Gummi zu Sohlen für neue Schuhe. Jedes Paar ist einzigartig. Design und Produktion folgen den Prinzipien traditioneller, landestypischer Handwerkskunst. Bequem. Modisch. Lange haltbar. Leistbar. Diese Idee führt zu einer außergewöhnlichen Erfolgsgeschichte. SoleRebels hat längst Kultstatus erreicht. Eigene Shops in aller Welt. Das ist noch keinem Unternehmen aus einem Entwicklungsland gelungen. 2014 nimmt Bethlehem eine neue Produktionsstätte in Betrieb. Revolutioniert die Schuhindustrie ein weiteres mal. „I am so excited. It will really be one of the most unique types of footwear production facilities anywhere in the world." Tausende neue Arbeitsplätze entstehen. Löhne, die über dem Landesschnitt liegen. Für ihr Schaffen wird sie weltweit mit hohen Auszeichnungen geehrt.

Es ist eine Freude, Künstlerinnen wie Bethlehem über die Schulter blicken zu dürfen. Wenn sie mit anderem Denken die Welt verändert. Zum Positiven.

**MÜNCHEN, 2012 //** Julia Weiskoenig ist eine junge Designerin. Ihre Produkte kreiert sie ausschließlich aus Lederresten und Lederabfällen. „Ich will Dinge schaffen, die nachhaltig sind. Zum Wegwerfen Bestimmtem neues Leben einhauchen. Und Menschen zu bewusstem Denken anregen."

KUNST IST, INS LEBEN *eingreifen*. WIRTSCHAFT IM KLEINEN BESINNEN EINE DER EDELSTEN.

# NUR EIN ALTER STUHL.

Eben weil es ein alter Stuhl ist, erzählt er Geschichten. Wer hat auf ihm gesessen? Dichter, Denker, Wanderer, Ortodoxe Priester, Ziegenhirten. Menschen, die sich während des alljährlichen Johannesfestes erholen. Weinbauern, die im Schatten der Olivenbäume ein Nickerchen machen.

**ARLES, 1888 //** „Das ist nicht nur ein alter Stuhl", sagt Vincent van Gogh. Er greift zum Pinsel. Malt. Nicht den Stuhl. Sondern das Wesen des Stuhls. Er malt das Formlose. Jenseits der wertlosen Form. Heute wird das Bild auf 25 Millionen Dollar geschätzt. Kunst ist nicht nur Malen. Kunst wohnt jedem Produkt inne. Jeder Leistung. Kunst im Denken. Kunst im Handeln. Kunst im Umgang mit anderen.
KUNST IST ÜBERALL. UND ALLES.

Diese Welt schreit.
Nach noch mehr Kunst.
Nicht nach Sesselklebern.

Nach Tun.
Ohne großes Gequassel.

KUNST VERBINDET
FORMLOSE *Träume* MIT REALITÄT.
IN LEBEN *UND* WIRTSCHAFT.

# KUNST AUS STILLE.

**TIROL, 2007 //** „Handarbeit hat keine Zukunft. Und wenn dann in Billiglohnländern", wissen Zeitungen, Wirtschaftstheoretiker und Zukunftsforscher.

Margret Schiestl ist Künstlerin. Sie textet Bilder und malt Texte. Mit dem Zug fährt sie zu einem Kurs an eine Kunstakademie. Ein Motiv hätte sie mitbringen sollen. Weil sie keines findet, fährt sie ohne. Ein Blick aus dem Fenster. Ein Raubvogel zieht seine Kreise. Aus Langeweile skizziert sie ihn. Seine Beine gleichen High Heels. Ihr Professor ist begeistert. Später werden Brüste hinzukommen. Der Adler mutiert zur Adlerin. Die Skizze verwandelt sich in Logo und Marke. Heute führt sie ein eigenes Unternehmen. Zusammen mit ihrer Tochter Melanie.

Kleidung, die schön sein muss. Funktionell. Bequem. Individuell und trotzdem leistbar. Mode, die eine Botschaft in sich trägt. Einen Großteil des nachhaltigen Erfolges macht *Zuhören* aus – den Kundinnen ihrer Produkte. Deshalb passen Mode und Angebot zur Käuferin; nicht die Käuferin zum Angebot. In Handarbeit werden heimische und ökologisch korrekte Materialien verarbeitet. Wird jedes Stück individuell geformt und erhält seine eigene Persönlichkeit. So wie jede Trägerin eine solche hat. So wie seine Erschafferinnen sie haben, denn die Schiestls sind keine Frauen von der Stange.

Sie denken anders und handeln anders. Mit dem Weitblick von Adlerinnen. Sie stehen für eine Symbiose aus Kreativität, Tradition, Moderne und Kunst. Das macht die beiden Frauen erfolgreich. Und überaus sympathisch.

Dir bläst eine kalte Brise entgegen. Der Wind des Widerstands. Man erklärt dir, dass es so nicht ginge. Freude! Du bist auf dem richtigen Weg. Mit 60 Jahren gewinnt Margret Schiestl einen Jungunternehmerpreis. Es ist nie zu spät. Um anzufangen. Um Kunst zu sein.

# KOPFKINO.

Sie ist meine treueste Begleiterin. Ich lebe mit ihr. Sie ist immer dabei. Wohin ich auch gehe. Ich darf sie benutzen. Wie ich will. Wann ich will. Sie – die Kamera meines Smartphones.

Die meisten Bilder in diesem Buch sind Schnappschüsse. Entstanden bei Spaziergängen, Reisen, Ausflügen, Wanderungen, beim Stadtbummel, in Wartezimmern von Ärzten, während Besprechungen, beim Kochen, in U-Bahnhöfen.

Schieße Fotos. Egal wovon. Von (scheinbar) Belanglosem. Geh Spazieren. Fotografiere eine Stunde lang Radkappen von Autos. Hauswände. Bordsteinkanten. Eine wirkungsvolle Übung, um Auge und Verstand für andere Blickwinkel zu sensibilisieren.

**PERSPEKTIVENWECHSEL //** Knippse aus den verrücktesten Winkeln. Bearbeite. Zerschneide. Füge hinzu. Experimentiere mit Filtern. Schärfe. Verzerrungen. Kontrasten. Spiegelungen. Egal was du machst. Trainiere deine Kreativität. Gib jedem Bild einen Titel. Nur ein Wort. Es beschreibt, wofür das Bild steht. Welche Geschichte es erzählt.

Alles ist erlaubt. Sofern es dir gefällt. DIR! Tut es das voll und ganz, dann wird dein Ergebnis auch Andere begeistern. Nicht Alle. Das wird es niemals. Mach dir nichts daraus. Begeistere Menschen, die dir nahe stehen. Deren Meinung dir wirklich wirklich wichtig ist.

Mache das immer so. Nicht nur beim Fotografieren.

*Begeistere* EINIGE.
DIESE ZUR GÄNZE! – OHNE KOMPROMISSE.

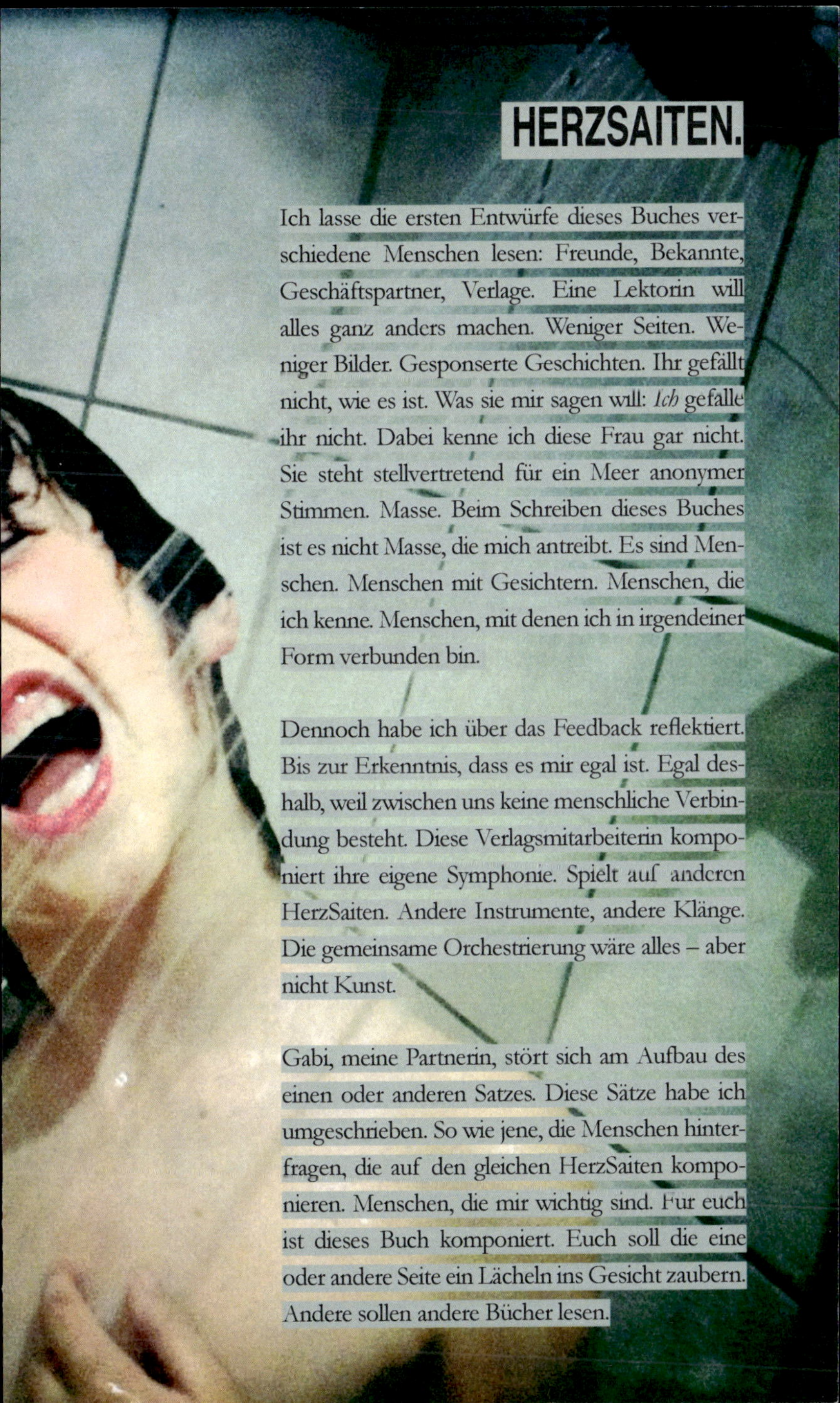

# HERZSAITEN.

Ich lasse die ersten Entwürfe dieses Buches verschiedene Menschen lesen: Freunde, Bekannte, Geschäftspartner, Verlage. Eine Lektorin will alles ganz anders machen. Weniger Seiten. Weniger Bilder. Gesponserte Geschichten. Ihr gefällt nicht, wie es ist. Was sie mir sagen will: *Ich* gefalle ihr nicht. Dabei kenne ich diese Frau gar nicht. Sie steht stellvertretend für ein Meer anonymer Stimmen. Masse. Beim Schreiben dieses Buches ist es nicht Masse, die mich antreibt. Es sind Menschen. Menschen mit Gesichtern. Menschen, die ich kenne. Menschen, mit denen ich in irgendeiner Form verbunden bin.

Dennoch habe ich über das Feedback reflektiert. Bis zur Erkenntnis, dass es mir egal ist. Egal deshalb, weil zwischen uns keine menschliche Verbindung besteht. Diese Verlagsmitarbeiterin komponiert ihre eigene Symphonie. Spielt auf anderen HerzSaiten. Andere Instrumente, andere Klänge. Die gemeinsame Orchestrierung wäre alles – aber nicht Kunst.

Gabi, meine Partnerin, stört sich am Aufbau des einen oder anderen Satzes. Diese Sätze habe ich umgeschrieben. So wie jene, die Menschen hinterfragen, die auf den gleichen HerzSaiten komponieren. Menschen, die mir wichtig sind. Für euch ist dieses Buch komponiert. Euch soll die eine oder andere Seite ein Lächeln ins Gesicht zaubern. Andere sollen andere Bücher lesen.

WHERE

SHA

– IN USING

INTEND

ART

WHO

S THE

ME?

OUR BEST

TO MAKE

FOR THOSE

CARE!

Seth Godin in „The Icarus Deception“

LANGEWEILE
FÖRDERT KREATIVITÄT.

Ich kann mich nicht daran erinnern, wann in meinem Leben ich mich zuletzt wirklich gelangweilt habe. In einem meiner Vorträge gab es ein Bild. Sein Titel: „Langeweile fördert Kreativität“. Als ich diese Seite schreibe, tippt sie mir auf die Schulter. Schaut mich mit den fragenden Augen einer Achtjährigen an.
„Du hast immer gesagt, dass ich kreativ bin.“
Das hatte ich tatsächlich.
„Mir ist nie langweilig. Bin ich doch nicht kreativ?“

Kinder regen auf wundervolle Weise zum Nachdenken über Gewohnheiten an. Mit absurden Fragen. Mit kindlicher Neugier. Wie war ich jemals zu meiner Theorie gekommen? Sie ist falsch. Ich habe Menschen beobachtet, wie sie sich offensichtlich langweilten. In Wartezimmern. In Besprechungen. Im Kaffeehaus. Manche bauen Kunstwerke aus Kerzenwachs. Andere falten phantasievolle Figuren aus Papierschnipseln, Servietten, Zuckerverpackungen. Eine meiner ehemaligen Mitarbeiterinnen zeichnet in Besprechungen Dinge, die sie bei „klarem Verstand“ niemals zu zeichnen fähig wäre.

Vielleicht spornt uns Langeweile tatsächlich dazu an, seltsame Dinge zu tun. Die kindliche Erklärung von heute überzeugt mich jedoch mehr:
„Ich bin kreativ, weil mir nie langweilig ist.“

Die Vortragsfolie ist gelöscht. Die Zeile schreibe ich heute zum letzten Mal. Danke, Emma.

# WARUM BRENNT DER HIMMEL?

Wann war das? Und was geschah an jenem Tag, an dem meine kindliche Neugier von kritisch-analytischem Denken verdrängt wird? Kinder sind kreativ. Sie sind uns überlegen darin, Dingen neue Bedeutung zu geben. Zweckentfremdete Verwendung irgendwelcher Gegenstände. Aus der Badewanne wird Jack Sparrows Black Pearl. Oder ein Paradies für Tiefseetaucher. Der Gucci-Gürtel wird zum Zaumzeug des Prinzessinnenpferdes. Eine Bettdecke zum Hochzeitskleid.

*Denkverbote* GIBT ES NICHT. Alles ist erlaubt.
Was ich von Kindern lernen kann: Wichtige Grundregeln für kreative Prozesse. Neugierig sein. Scheinbar absurde Fragen stellen. Alles Alltägliche in Frage stellen. Nach Alternativen suchen. Ausprobieren. Einfach tun.

Neue Form, verspielt und wild.
Die Wolken mal'n ein Bild.
Der Wind pfeift dazu dieses Lied.
In dem sich jeder Wunsch erfüllt.
Ich erfinde, verwandle mit Zauberkraft.
Die Armee der Zeigefinger brüllt: Du spinnst. [Abenteuerland. Pur.]

Dann bin ich gerne wieder erwachsen. Verlasse das Abenteuerland. Zeit, für Struktur. Zeit, zum Ordnen. Die Ideen sortieren, bewerten, analysieren. Vorbereiten, organisieren, anfangen und reflektieren.
Wie denke ich? Was löst Emotionen aus? Warum habe ich das Problem nicht früher erkannt? Wie suche ich nach Lösungen? Bin ich gegenüber einer Alternative voreingenommen? Und warum? Worauf gründen meine Entscheidungen?
Fragen über Fragen. Fragen, die nicht die Lösung in Frage stellen sollen. Sondern das Denken selbst. Den Denker beobachten. Nicht wertend. Manchmal nur im Kopf. Manchmal auf Papier. [...] Das ist es, worin ich als Erwachsener der Kreativität meiner Kinder überlegen bin. Das Ego ruhig gestellt. Die Eitelkeit befriedigt.
Holt den Kompass. Wir gehen segeln. In die Badewanne.

# NEUNZEHN ARTEN FISCH.

Quellwasser rinnt über tausend Steine. Dann erst ist es kristallklar. Sauber. Frei von Schmutz und Partikeln. Ideen reifen im fortschreitenden Fluss der Gedanken zu immer besseren.

Woran denkst du beim Wort ‚Fisch'? Mir fällt eine Galerie ein. Bei ‚Zahnarzt' ein Espresso im Kaffeehaus um die Ecke.
Der erste Gedanke zu Fisch war freilich nicht die Galerie sondern eine Forelle. Sage „Fisch" und das Denken folgt dem Bild des Fisches im Kopf. Wir denken so lange innerhalb dieses Aquariums, bis der Geist müde wird, und die denkEnergie verbraucht ist. Das Resultat ist immer das selbe: Fisch. Immer noch mehr Fisch.
Neunzehn Arten Fisch.
Auf der Suche nach Antworten kleben wir immer wieder an den gleichen Lösungen fest. Verfangen uns in den Netzen konditionierten Denkens.
Zusammen mit neunzehn Arten gleichem Fisch.

**VOM FISCH ZUR GALERIE //** Fisch-Forelle-Regenbogen-Farben-Galerie. „Ich werde in meinem Fischrestaurant eine Dauerausstellung organisieren. Für Bilder von Kindern. Den Kindern schenke ich Gutscheine. Dann kommen sie ohnehin mit ihren Eltern." Eine spontane Idee des Restaurant-Besitzers. Ausgelöst von einer einfachen Wortkette.

„Meine Praxis soll sich von denen der anderen Ärzte unterscheiden", erklärt die Zahnärztin im Seminar. „Wie soll mir diese Denktechnik dabei weiterhelfen?"
„Wie bist du hierher gekommen?" Es ist eine rein zufällig gewählte Frage. Sie könnte auch ganz anders lauten.
„Mit dem Auto."
„Nenne mir irgendein Detail deines Autos."
„Das Münzfach in der Mitte", lächelt sie.
„Was assoziierst du mit Münzen?"
„Einen Automat."
„Was kaufst du dort?"
„Kaffee."
„Wo trinkst du den am liebsten?"
„Im Kaffeehaus um die Ecke."
„Was gefällt dir dort?"
„Der Service. Die Kellner, die immer schon dort waren. Sie lesen mir jeden Wunsch von den Augen ab. Die originelle Einrichtung. Die iPads mit Zeitungen aus aller Welt. Die unterschiedlichen Menschen. Das Kaffeehaus ist ein gemütlicher Treffpunkt. [...]"
Graue Gedanken werden bunter. Vielfältiger. Ungewöhnlicher. Der Horizont öffnet sich. Weg von der Arztpraxis. Hin zu neuen Assoziationen. Zehn Monate später eröffnet sie ihre neue Praxis. Zusammen mit einem Buchhändler.

Angle für jede Assoziation in neuen Gewässern. Klebe nicht am ersten Wort. Nicht an der ersten Lösung. Dann wird aus dem Fisch eine Galerie. Aus der sterilen Praxis eine Buchhandlung mit Kaffeeecke, in der man zwischendurch mal schnell bei der Zahnärztin vorbeischaut.
Aus einem normalen Problem wird eine ungewöhnliche Lösung. Aus Mittelmaß Außergewöhnliches.

# ZERSTÖRUNG.

**BERLIN, 1851 //** Paul Julius Freiherr von Reuter ist ein Pionier. Als Brieftauben-Nachrichtenversender bringt er Post auf dem schnellsten Weg von Berlin nach Paris. Dann tritt die Telegrafie ihren Siegeszug an. Allerorts werden Masten aufgestellt. Drähte gespannt. Ein gefährliches Hindernis für Brieftauben. Immer mehr Vögel verunglücken. Bleiben in den Drähten hängen. Die Telegrafie zerstört Reuters Geschäftsmodell.

Warum REUTER noch immer eine der größten Nachrichtenagenturen der Welt ist? Weil Reuter Neuland betritt. Nicht am alten Modell hängen bleibt. Brieftauben waren gestern. Veränderung ist jetzt.

Kreativität zerstört. Das, was immer schon war.
Kreativität schafft Raum. Für Pioniere.

# ZEIT DER TOTENGRÄBERINNEN.

**HONG KONG, 1999 //** Welch eine Benutzerführung. Nie wieder ein anderes Handy als mein Nokia! Niemals. „I love it!“ Ich telefoniere stundenlang. Werde wieder gerne angerufen. Nur, um es endlich aus der Tasche ziehen zu dürfen. Jahrelang bleibe ich treu. Kaufe jedes neue Modell. „Meine“ Marke ist Marktführerin.

**SAN FRANCISCO, 2007 //** Steve Jobs präsentiert ein neues Telefon. Riesig ist es. Im Vergleich zu den immer weiter schrumpfenden Miniaturen anderer Hersteller. Nokias Management lacht über das Kinderspielzeug. „Ich kaufe mir ein Auto. Motze es mit hunderten Accessoires auf. Sogar der kleine Junge vom Nachbarn kann sie selber bauen. Die Zertifizierung übernimmt der Autohersteller. Nichts kann schief gehen.“ Steve Jobs nennt das App. Neue Geschäftsmodelle und bislang unbekannte Berufe entstehen. Unternehmen gestalten ganze Prozessabläufe neu. Passen sie an ein Telefon an. Wir sind Zeugen einer Entwicklung, die Geschichte schreibt. All das geschieht, während Nokia in der Bedeutungslosigkeit verschwindet. In einem selbst geschaufelten Grab von Arroganz. Das Grab der Bewahrer.

Zeit der Totengräber.
Zeit der Kreativen.
Zeit der Umsetzer.

*Zeit für Tun.*

# EINHUNDERTZWANZIG SEKUNDEN.

Manche Menschen glauben, es brauche sehr viel Zeit, um viele Alternativen zu finden. Wirklich? Alle Denkwerkzeuge in diesem Buch zeigen dir Wege, die du in wenigen Minuten durchwanderst.

Wofür du dir tatsächlich viel Zeit nehmen solltest, ist das Definieren von Suchfeldern, das Stellen lösungsorientierter Fragen und das detaillierte Analysieren und Ausarbeiten deiner Ideen. Das Kreative dazwischen schaffst du spielend in 120 Sekunden. Dann lässt die Konzentration nach. Stimmen im Kopf unterbrechen den freien Fluss der Gedanken. Der Verstand will endlich urteilen. Andere Dinge warten. „Ich muss meine Mails checken." „Die Idee ist genial; ich muss Paul anrufen." Abschweifen. Zeit für eine (Denk-)Pause.

Zeitliche Limitation beseitigt die Angst vor dem Denken. Gleichzeitig setzt du dich damit unter gesunden Druck. Um zu Ergebnissen zu gelangen.

Einhundertzwanzig Sekunden bewusst strukturiertes Denken reichen aus. Komplexe Träume dauern nur zwei Sekunden. Sagt man.

**NICHTS TUN //** Besuche die Internetseite donothingfor2minutes.com. Mache zwei Minuten nichts anderes, als dem Rauschen des Meeres zu lauschen. Denke an nichts sonst. Wie lange hältst du durch? Zwei Minuten können verdammt viel Zeit sein. Keine Herausforderung? Auf calm.com findest du eine 10 Minuten Version.

# WENN NICHTS MEHR GEHT, GEH MIT.

**REUTTE, 2013 //** Djuro Iljazovic ist ein hoch begabter Jungdesigner. „Manchmal skizziere ich Tage lang eine einzige Idee", erzählt er mir. „Je länger ich sitze, umso weniger gefallen mir die Entwürfe. Ich lege sie weg. Gehe spazieren, zum Fischen oder ich genieße die Zeit mit meinen Kindern. Alles, nur nicht an die Entwürfe denken." Irgendwann entstehen Assoziationen. Dann vergräbt er sich wieder in den Skizzen auf seinem Zeichentisch und kreiert geniale Designs – für außergewöhnliche Badezimmer.

**SELBSTVERSUCH //** Schreib eine ABC-Liste. Am besten zu einem schwierigen Thema (s. S.134). Hör auf, wenn die Einfälle weniger werden. Geh spazieren. Denk nicht an die Liste. Hol sie erst dann wieder hervor, wenn du deinen Spaziergang beendet hast. Sie füllt sich wie von selbst. Versprochen. **ICH GEHE SPAZIEREN //** Schreibpause.

# WO WASSER NACH OBEN FLIESST.

**DEN FLIESSPROZESS ANREGEN //** Wasser zieht Wasser nach. Damit es fließt, muss der erste Tropfen angesaugt werden. Dann fließt es weiter. Sogar nach oben. Wie von einer unsichtbaren Schnur gezogen.

„Mindestens einmal pro Woche mache ich etwas, das mit meinem Geschäft auf den ersten Blick nichts zu tun hat“, erzählt mir ein erfolgreicher Unternehmer. „Und jedes Mal füllen sich meine Ideenspeicher.“ Viele Quellen speisen einen Brunnen.

*Brunnen* SEIN.
UNAUFHÖRLICH NACH NEUEN QUELLEN SUCHEN.
UM NIEMALS AUSZUTROCKNEN.

Nimm dir regelmäßig eine Stunde Zeit. Oder mehr. Verabrede dich zu einem Blind Date. Einem romantischen Rendezvous mit dir selbst. Niemand sonst. Nur du.

Mach irgend etwas, das deinen Forscherinstinkt weckt. Deine Neugier aktiviert. Beobachte alles. Lies alles. Höre alles. Rieche alles. Sauge alles in dich auf. Werte nicht. Speichere alles ab. Oder schreib es auf. Es kommt der Tag, an dem deine Notizen dir weiterhelfen werden.

# ANDERS|ORTE.

Einige Vorschläge für Orte, die du nach dem Lesen dieser Seite besuchen könntest. Es spielt keine Rolle, WAS du tust. Es zählt einzig, DASS du es tust. Und WIE du es tust. Benutze alle Sinne. Bewusst. Und in Stille. Der Brunnen füllt sich. Mit klarem Wasser. Mit anderen Gedanken. Aus neuen Quellen.

Einen Dom ansehen.
Einen Zoo besuchen.
Ein Besuch in einem Museum.
Kind sein auf einer Spielzeug- oder Spielemesse.
Bilder in einer Galerie interpretieren.
In eine Gärtnerei gehen.
Auf einem Schrottplatz stöbern.
In ein Stoffgeschäft gehen.
Eine Tattoo-Convention besuchen.
Zu einer Lesung oder Buchvorstellung gehen.
Im Kino einen alten Film ansehen.
Auf einem Flohmarkt stöbern.
Einen Straßenverkauf von Büchern aufsuchen.
Durch einen botanischen Garten spazieren.
Ein Fotothema wählen und loslegen.
Nichtstun in einem traditionellen Kaffeehaus.

# GUTEN MORGEN.

Du kommst morgens nur schwer in Schwung. Dabei würdest du gerne mit geistigen Höchstleistungen loslegen. Es geht nicht. Nutze diese morgentliche Schwäche deines Verstandes, statt dich darüber zu ärgern (s.S.68).
„Schreibe Morgenseiten", höre ich Julia Cameron sagen. Ich mag ihr einfaches Handwerkszeug. Ein sehr wirkungsvolles Hilfsmittel zu Inspiration, Struktur und Selbsterkenntnis. ZUGANG ZUM STROM DES *Unterbewusstseins* ERHALTEN. Morgenseiten verringern die Macht des kritischen Verstands. Wir erkennen Prioritäten. Bringen mehr Struktur ins Denken.
Nimm drei leere Seiten A4-Papier. Erlaube dem Stift in deiner Hand alles zu schreiben, was dir einfällt. Schreibe so lange, bis die drei Seiten voll sind. Das dauert erfahrungsgemäß etwa 20 Minuten. Habe keine Angst vor dem leeren Blatt. Der erste Satz ist der schwerste. Schwierig dann, wenn du anfängst nachzudenken. Denke nicht. Führe nur Protokoll. Darüber, was dir die Stimme in deinem Kopf zuflüstert.

„Eine Besprechung steht an. Nichts vorbereitet. Was für ein blöder Tag. Und dieser verdammte Husten. Ob ich mir den beim Rodeln geholt habe? Egal. Ich hatte Spaß dabei. Muss ich wiederholen. Vielleicht mit Betty und Tom..."

Werte nicht. Schreibe. Lass fließen. Statt Staumauern zu bauen. In Kürze schließt sich die Tür zum Unterbewusstsein. Schaltet sich ein Abwehrsystem wieder ein. Erschrecke dich nicht an den Worten. Betrachte das Selbstgespräch als Reinigung der Gedanken.

Morgenseiten // Der Name impliziert, dass sie morgens komponiert werden wollen. Überrasche deinen Verstand. Solange er noch nahe am Traumbewusstsein schlummert. Am Abend versagt das Werkzeug. Der Verstand ist wach. Beeinflusst vom Geschehen des Tages. Abendseiten wären nicht mehr, als ein Blick in den Rückspiegel. Morgenseiten geben Ausblick. Und Einblick. In das, was jetzt ist.

Ich schreibe meine Morgenseiten immer mit der Hand. So wie ich überhaupt gerne mit der Hand schreibe. Weil die dabei frei gesetzte Energie eine andere ist, als beim Tippen auf Computer-Tastaturen. Sie führt uns an tiefere Orte. Weil wir meist langsamer Schreiben. Geschwindigkeit ist nicht immer alles. Vor allem dann nicht, wenn wir es besonders eilig haben.

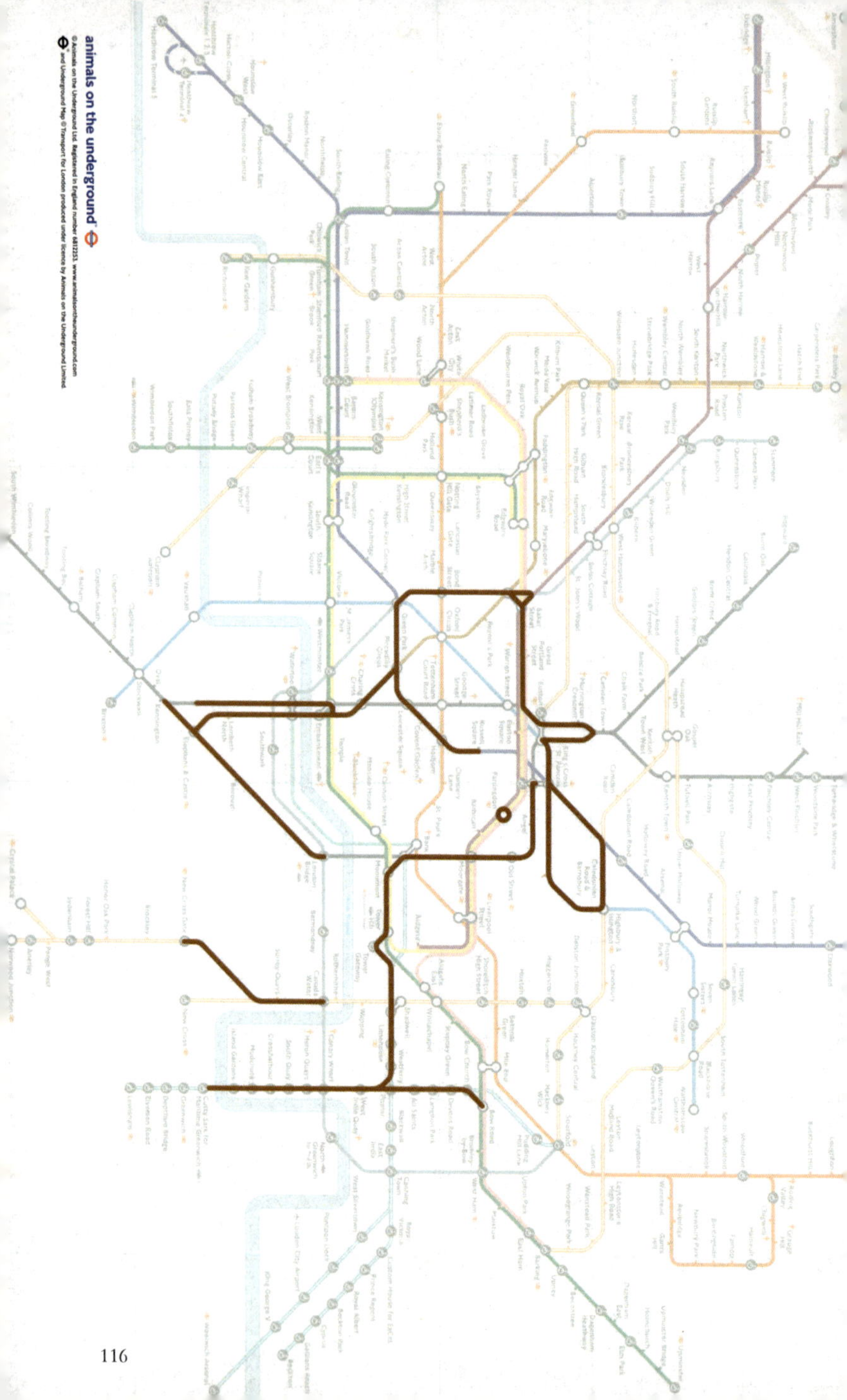
animals on the underground

# JOGGEN IN DER U-BAHN.

**LONDON, 1988** // Ein Morgen wie jeder andere. Paul Middlewick ist auf dem Weg zur Arbeit. Wie jeden Tag. Verschlafen sitzt er in der U-Bahn und starrt auf die Linien der Karte von London Underground. Wie jeden Tag. Und doch ist heute etwas anders.

Aus dem bunten Plan lächelt ihm etwas zu. Im Streckennetz entdeckt er die Umrisse eines Elefanten. Später von Flamingos, Walen, Hunden und anderen Tieren.

Aus seiner Entdeckung entsteht ein Unternehmen. Muster finden. – Eine wundervolle Methode, um das Gedankenkarussell in Schwung zu setzen.

Egal zu welcher Tageszeit.

**JOGGEN GEHT IMMER** // Wem oder was gleichen die Formen der Wolken über dir? Welche Muster erkennst du in den Regentropfen auf der Fensterscheibe? Komponiere Sätze aus den Buchstaben auf dem KFZ-Kennzeichen vor dir. Oder denke über Worte nach, die mit S beginnen und mit N enden. Finde eigene Buchstabenkreationen. Am Morgen. Nach der Mittagspause. Zwischen Meetings. Beim Gassi-Gehen. Beim Autofahren. Gehirnjogging hält das Denken fit. Oder macht es fit. Je nachdem...

# ZEHN MILLIONEN STEINE.

**WIEN, 2002 //** Es ist eine verrückte Idee. Geboren spät nachts. An der Theke. – Wo sonst.

„Wir haben Briefmarken schon mit allen erdenklichen Materialien ausgestattet: Stoff, Holz, Plastik,...", erzählt der Manager der Österreichischen Post.

„Wirklich mit allem? Es gibt also auch Kristallbriefmarken?"

„Sind Sie verrückt?! Das ist unmöglich."

**ZWEI JAHRE SPÄTER //** Ein Brief läuft durch die Sortieranlage des Postverteilungszentrums in Singapur. Staunen. Auf der Briefmarke kleben funkelnde Kristallsteine. Später werden Briefmarkenliebhaber sie als „philatelistisches Kunstwerk" bezeichnen.

Heute aber nur einer von vielen Tests. Worst Case Szenario: Stillstand der Sortieranlage. Kein Worst Case. Test bestanden. Weitere folgen. Überall in der Welt. Und das alles für eine winzige Briefmarke und wegen einer verrückten Idee an der Theke.

**WATTENS, SEPTEMBER 2004 //** Vorstellung der ersten Kristallbriefmarke der Welt. Nie zuvor war auf eine Marke ein höherer Nennwert gedruckt worden. Nie zuvor gab es für eine (neue) Briefmarke mehr Medienecho. Alle sprechen über die 10 Millionen Kristalle. Wir davon, dass es Spaß macht, verrückte Ideen umzusetzen. Und viel dabei zu lernen.

„Bist du *verrückt*?!"

Diese Frage motiviert zum Weitermachen. Und führt zu neuen Erfahrungen und Entdeckungen.

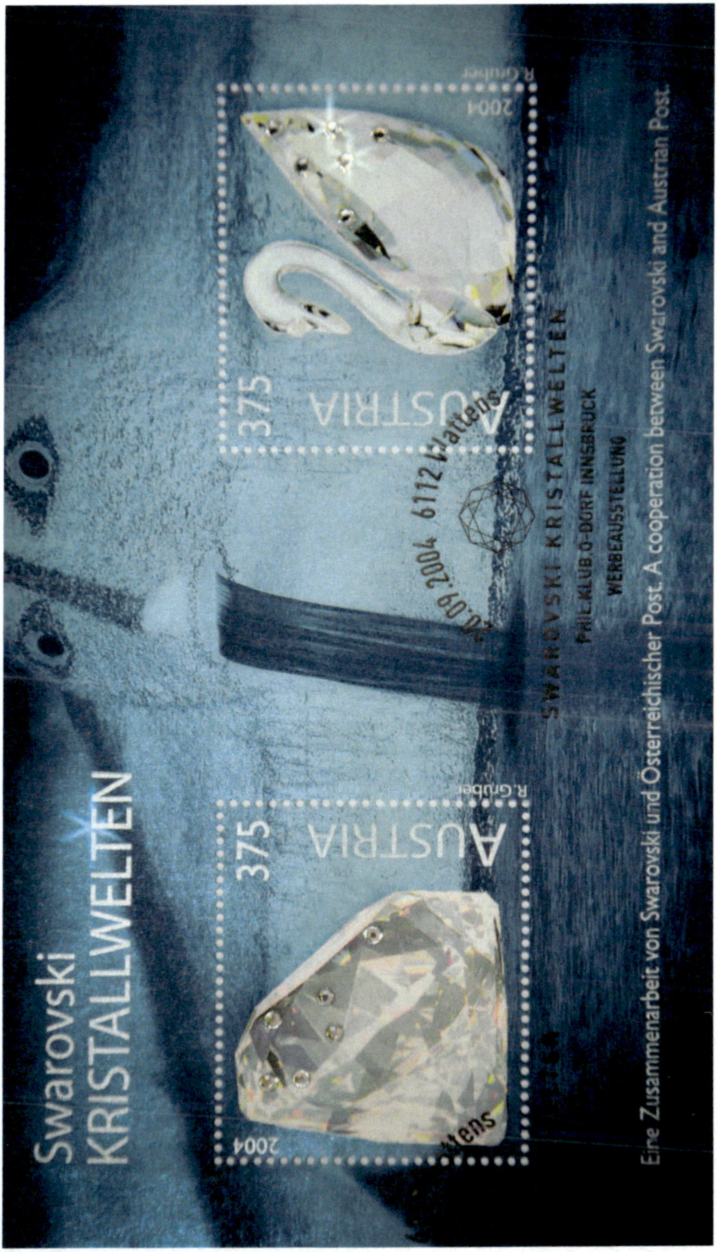
Swarovski
KRISTALLWELTEN
AUSTRIA
375
2004
R. Gruber
AUSTRIA
375
2004
R. Gruber
SWAROVSKI KRISTALLWELTEN
PHIL.KLUB.O-DORF INNSBRUCK
WERBEAUSSTELLUNG
20.09.2004 6112 Wattens
Eine Zusammenarbeit von Swarovski und Österreichischer Post. A cooperation between Swarovski and Austrian Post.

# DER MANN IM MOND.

Ein Amerikaner ist der erste Mensch auf dem Mond. Die unerreichbar scheinende Vorgabe spornt an. Über viele Jahre laufen Menschen zu kreativen Höchstleistungen auf. Verschwörungstheoretiker sogar bis heute.

Ikarus stirbt, weil er zu hoch fliegt. Die Sonne lässt das Wachs seiner Flügel schmelzen. Was oft vergessen wird: Wenn er zu tief fliegt, verklebt die Gischt der Wellen seine Flügel. Auch diese Reise würde im Tod enden – ohne die Welt jemals von oben gesehen zu haben.
Die Geschichte von Ikarus will uns lehren, dass es besser sei, nicht zu hoch zu fliegen. Am Boden zu bleiben. Sie verschweigt, dass es dort auch gefährlich ist. Und langweilig. Ikarus hat keine Lust auf Mittelmäßigkeit.

Ein Traumurlaub ist ein Traumurlaub. Weil er nicht leistbar ist. Wir tun alles, um den Traum irgendwann zu verwirklichen. Träume motivieren. So wie hohe Ziele. Und Heldengeschichten. Selbst dann, wenn der Held stirbt.

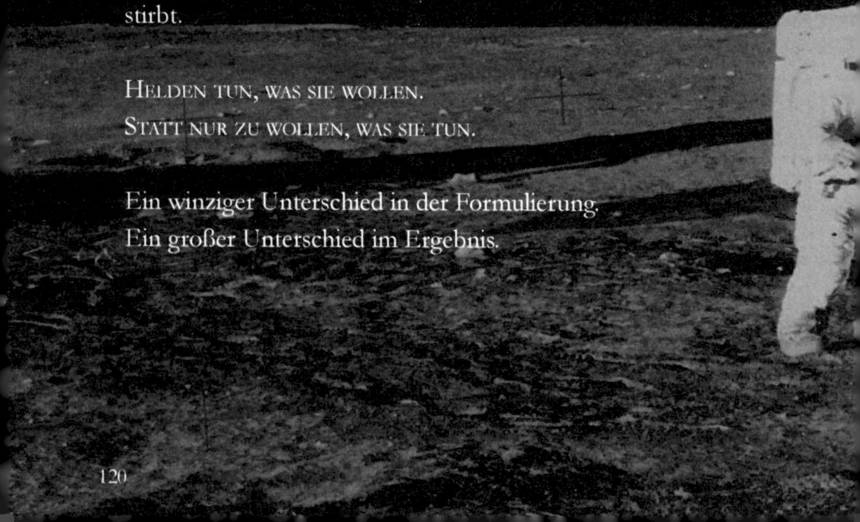

Helden tun, was sie wollen.
Statt nur zu wollen, was sie tun.

Ein winziger Unterschied in der Formulierung.
Ein großer Unterschied im Ergebnis.

# ES KÖNNTE ANDERS SEIN.

„Ich muss mehr verkaufen." - „Warum?"
„Weil ich mehr Umsatz machen muss." - „Warum?"
„Weil meine Kosten so hoch sind." - „Warum?"
„Weil ich so viel Geld für Personal ausgebe." - „Warum?"
„Stellenanzeigen, Schulungen neuer Mitarbeiter, ..." - „Warum?"
„Weil mein Personal so häufig wechselt." - „Warum?"
„Sie sind mit den Arbeitsbedingungen unzufrieden." -„Warum?"
„Mit einer Führungskraft gibt es immer Probleme. Die derzeitigen Arbeitszeiten sind bestimmt nicht optimal. Und die vielen Reklamationen demotivieren jeden im Betrieb. [...]"

Aus dem „Ich muss mehr verkaufen"-Problem wird eine ganz andere Fragestellung. Wiederholte Warum-Fragen eröffnen neue Perspektiven. Zu scheinbar klaren Tatsachen.

Warum verlaufen die Schatten auf vielen Bildern der Mondlandung nicht parallel? Warum stehen keine Sterne am Himmel? Warum so viele Fehler am Tag des jahrelang geplanten Hollywood-Tricks? Es könnte vielleicht doch ganz anders gewesen sei.

# BEVOR ICH STERBE.

**NEW ORLEANS, 2011** // Der Tod eines geliebten Menschen hat Candy Chang in ein Loch tiefer Trauer und Depression stürzen lassen. Eines Tages bemalt sie die Wand eines verlassenen (und noch mehr Hoffnungslosigkeit versprühenden) Hauses mit schwarzer Farbe.
„BEFORE I DIE I WANT TO…" pinselt sie auf die verfallenen Mauern. Zurück lässt sie einige Stück Kreide.
**DER NÄCHSTE TAG** // Wieder spaziert sie durch den sterbenden Kiez. Heute aber traut sie ihren Augen nicht: 80 Wünsche erwecken das tote Gebäude zu neuem Leben. Manche Sätze bringen sie zum Lachen. Andere zum Weinen. Zum ersten Mal fühlt sie, dass in ihrer Nachbarschaft Menschen leben.

Von diesem Tag an verbindet ein unsichtbares Band die Bewohner des Stadtteils. Fotos des Experiments verbreiten sich im Internet und in der Presse. Candy regt weitere Projekte an und veröffentlicht ein Buch.
Zwei Jahre später gibt es in über 66 Ländern mehr als 450 „Before I Die"-Wände. Jede haucht leblosen Vierteln eine Seele ein. Jede ist Treffpunkt, an dem Menschen ihre Masken ablegen. An dem aus einer grauen Masse Gesichter hervortreten. An dem Kunst Träume mit Realität verbindet. An dem Menschen auf HerzSaiten die Partitur von Neuland komponieren.

mitVerstrickt. – In Seilen, die das Netz namens Alltag weben. Was ist dir wirklich wirklich wichtig? Auf dem Bild gegenüber findest du bestimmt noch deinen Platz. Und falls nicht: Komponiere deine eigene Wand.

Before I die...
#BIDSAV
Before I die I want to
FIND OUT WHO AYESO IS!
LOVE LIKE CHRIS
Before I die, I want to Cure Cancer.
I WANNA DONATE LOTS OF MONEY!
Before I DIE I WANT TO KNOW TRUE Happiness
LIVE
Rule the World
Be WELTHIE
Grow Young
FLY
MAKE A DIFFERENCE
Make a difference!
I want to live
Before I die I'm going to...
I want to live with
Go to heaven
Yes! M&M
Be @peace
Before I die... I want to skyDive
have SEX on the SAME TIME!!!
Before I die I want to... Change Someone's Life - Steph
Be on SNL
fall off a horse
Meet New people
I want to take grover across the country
CHANGE a Life
BREATHE, IF ONLY FOR SECOND.

was übrig ist·mindestens zu warum fragen stelle·das gegenteil mache·ein monc
verändere·woanders einsetze·in den schuhen des anderen gehe·ein indianer wäre·d
bis es sich von selbst löst·den wert mindere·es halbiere·es mir rund vorstelle
hinzufüge·die häufigkeit ändere·ein vogel wäre·will dass es kopiert wird·es durch
wieder nachfrage·es zu einer anderen jahreszeit löse·mit der kleinstmöglichen
nehme·es zur lösung in ein anderes land schicke·es verschenke·die zweitbeste alternat
mehr biete·es patentieren lasse·es mit dem nächstgelegenen gegenstand kombinie
mache·ganz neu anfange·es als ganzes vermiete·das problem einseitig ändere·das
wäre·tatsachen verdrehe·es einfriere·es jemandem zum verbessern leihe·morgen ke
suche·einen fremden hinzuziehe·es verwende um die welt zu vergiften·etwas m
betrachte·das größere übel wähle·es zum hobby mache·den wert laufen reduziere·es
übertreibe·es zerlege und ganz neu zusammen setze·jemanden überrasche·bei goo
ändere·anfange ohne nachzudenken·die maßeinheit ändere·es unbeschwert betrach
muss·die bezeichnung ändere·nur mehr negativ denke·keinen gewinn erzielen w
referieren müsste·des anderen vorteil in den vordergrund stelle·das mache wovor
als vorteil sehe·den fehler ständig wiederhole·anders reagiere als ich es s
bestrafe·es fahrbar mache·teile vermiete·nach alternativen suche·alle schlechte
und nacht erreichbar bin·jede lösung ablehne·farben hinzufüge·es länger mache
bewusst kritisch betrachte·gar nichts mache·über das problem lache·die verlust
weltreise schicke·immer wieder das gleiche sage·die situation weiter verschlech
sparrows kompass wäre·jeden bestandteil gesondert verrechne·andere glücklicher
verbotenes mache·jemanden besuche·die schwersten konsequenzen der schlechteste
problem geben kann·nein dazu sage·es befestige·das problem zeichne·alle lösung
schmackhaft mache·es an der schwächsten stelle verändere·es ein sechseck wä
darstelle·mein problem zu jemand anderes problem mache·den abstand verändere·es
gröber mache·lächle·morgen etwas ganz anderen tun müsste·ich morgen keine kunde
mir als buchtitel vorstelle·etwas weglasse·es tiefer mache·es leichter mache·unt
vorstelle·bei mir selbst emotionen wecke·ich es aufspalte·es biologisch abbau
quadrat daraus mache·andere meine leistung beurteilen lasse·einen 50:50 joker
ähnlichen beispielen suche·es trockener mache·es beschleunige·die doppelte me
fühle·alle probleme suche und aufschreibe·eine wortzusammensetzung daraus mach
mache·nicht ans telefon gehe·ein monopol daraus mache·es auf die titelseit
vern ten·in der mitte anfange·meine kinder um rat frage·darunter durch ge
visu siere·es mit auf reisen nehme·die reihenfolge ändere·eine pressemitteilun
sehr eures verwende·es tragbar mache·erst wieder esse wenn es gelöst ist·d
mach it dem problem ein interview führe·es dutzende male kopiere·nach 50 logos
lösu suche·es mir als comiczeichnung vorstelle·es bewusst falsch löse·es als s
durc nander mische·den wert kontinuierlich erhöhe·es meiner katze in die pfote
zum und mache·nicht mehr aufhöre zu sprechen·dem problem im traum begegnen
bill s hinzufüge·andere über meine realität informiere·es nach der lösung zers
löse bezahle·die eintrittswahrscheinlichkeit auf später verschiebe·den wicht
nutz mache·es durch etwas ersetze·andere materialien verwende·den prozess
betr te·15 minuten warte·bei anderen emotionen wecke·es versteigere·es mit
stan t des objekts wechsle·zum beobachtenden erzähler werde·den standort
tran rmiere·das gegenteil mache·kontakte zu kontakten von kontakten knüpf
spie verkehrt betrachte·es als fotonegativ betrachte·einen weg in der mitte su
ange limitiere·etwas mache das tiere tun·eine vertrauensperson zu rate ziehe
bewu missverstehe·es verliere·ein nicht haltbares versprechen abgebe·positiv
ein ßes ganzes einfüge·es gratis anbiete·dramatisiere·bei google nicht sicht
mir langen·würfel entscheiden lasse·fehler anderer nutze·mehr tue als erwart
vers nke·es unzerstörbar mache·es an apple verkaufe·nur aus dem bauch hera
verä re·es hinbringen muss·meinen fehler in den vordergrund stelle·es in
zube te·ich der letzte mensch auf der erde wäre·es zusammenballe·bewegliches
mit er anderen dienstleistung kombiniere·den namen des ideengebers festhalte·
erkl ·es verhärte·ich es spende·die lösung in 30 sekunden finden muss·einen
über eben wichtig mache·es in möglichst viele teile zerlege·statt harmonie e
part interviewe·es billiger als jeder andere mache·einen neuen bezugspunkt
würd s meiner großmutter erkläre·die lösung schon gefunden hätte·überlege wie
mögl st wenige teile zerlege·es flüssig mache·es durchsichtig gestalte·es
mach eden beteiligten einbinde·andere frage den wert zu bestimmen·eine pause
ande farbe gebe·es irgendwie bewege·die form verändere·von dem ausgehe was
kind die hand gebe·meinen standpunkt zum problem mache·den klang verändere·wo
anfa an das ende stelle·über das problem lache·es liegen lasse bis es sich vo
es ßer mache·die lösung außerhalb des problems suche·etwas hinzufüge·die
erse ·einen song darüber schreibe·es höher mache·es fotografiere·immer wied
anfa ·es ohne verpackung transportiere·spazieren gehe·weniger von etwas neh
wähle·es koche·eine gesetzeslücke suche·schweige·es unendlich wiederhole·unentge

WÜRDE ES HELFEN WENN ICH

s einem kind in die hand gebe·meinen standpunkt zum problem mache·den klang
verändere·den anfang an das ende stelle·über das problem lache·es liegen lasse
ıg verändere·ich es größer mache·die lösung außerhalb des problems suche·etwas
ınliches ersetze·einen song darüber schreibe·es höher mache·es fotografiere·immer
ung anfange·es ohne verpackung transportiere·spazieren gehe·weniger von etwas
·es koche·eine gesetzeslücke suche·schweige·es unendlich wiederhole·unentgeltlich
ver wird millionär dazu erfinde·das angebot inflationär mache·es wiederbefüllbar
zum problem der menschheit mache·es als schon gelöst betrachte·mein großvater
t mehr besitze·den wert erhöhe·eine bauernweisheit dazu suche·ein anderes ziel
kinder machen·die entscheidung delegiere und akzeptiere·es zweidimensional
en betrachte·ein zitat dazu finden muss·die lösung in der garage suche·das problem
rster stelle stehe·alle farben weglasse·es als spiel gestalte·die verpackung
tzordnung verändere·mit den schlimmsten konsequenzen der besten lösung leben
liches unbeweglich mache·eine kindergeschichte dazu erfinde·über das problem
st habe·mehr von etwas nehme·es dicker mache·prioritäten überdenke·den nachteil
·es lockere·recyclebare materialien verwende·alle beteiligten für die lösung
n aufschreibe·das ende an den anfang stelle·es in einem(!) tweet beschreibe·tag
er mache·überlege wie ich andere unglücklich mache·es monatlich austausche·es
endste alternative wähle·morgen in einem mir fremden land aufwache·es auf eine
hme was ein anderer verschenkt·buchstaben im namen verandere·im besitz von jack
bull zwecks sponsoring kontaktiere·es an der schwächsten stelle angreife·etwas
ertragen muss·es röntge·es bei google suchen muss·überlege wem ich schuld am
keiten aufschreibe·etwas von anderen kopiere·einen anderen weg gehe·einem dieb
fremde energie zusammensetze·das problem in 9 teile zerlege·es mathematisch
ltige·alle aufzähle, die mir jemals geholfen haben·die verwendung übertreibe·es
be·es feiner gestalte·es mir als werbespot vorstelle·es als app programmiere·es
·es „grün" mache·mit dumm stelle·es heller mache·wütend werde·es mir in kleidern
·es zum größten problem meines lebens mache·ich es in gleiche teile teile·ein
verpackung zum primären kaufanreiz mache·wichtigere probleme vortäusche·nach
nde·einen unbedeutenden baustein austausche·niemals eine lösung finde·es nicht
etwas altem kombiniere·den strom abstelle·einen gegenstand zur dienstleistung
müsste·unsichtbares greifbar mache·eine zahl bildlich erkläre·drohe es zu
lbar mache·die beteiligten menschen austausche·eine abc liste konsultiere·es
verfasse·es als linie zeichne·die für mich optimalste situation herstelle·etwas
nensetzung ändere·nach erfahrungen anderer diesbezüglich frage·es unbeweglich
m umfeld suche·etwas mache das pflanzen machen·in einer anderen branche nach der
achte·es ausleere·eine fanpage mit 1 mio. fans dazu hätte·es wachsen lasse·alles
bewusst verwirrend erkläre·den widerstand aufgebe·die zeit verkürze·einen feind
le denkbaren entscheidungen evaluiere·andere für die lösung belohne·etwas sehr
unverrottbar mache·eine sportart für den gegenstand erfinde·jemanden fürs nicht-
ustein austausche·es als miniatur gestalte·unattraktiv mache ·die verpackung
e·es anders gestalte·übertreibe·es mit einem geschenk löse·es als kunstwerk
deren verfahren kombiniere·die position verändere·meinen standort wechsle·den
nden wechsle·ein element aus der vergangenheit hinzufüge·es in die zukunft
ıt sehen könnte·auf einer einsamen insel wäre·die rollen vertausche·ich es
ben betrachte·es verletzbar mache·von unten betrachte·aus dem all betrachte·das
r der erde betrachte·morgen 1000 kunden mehr habe·es verleihe·es anzünde·andere
tiv vertausche·es mit etwas kombiniere·es mit einer anderen idee verbinde·es in
den gegenstand interviewe·mit jemandem tausche·von anderen verlange, was sie von
dig·ungenauere begriffe verwende·zeit statt geld am konto hätte·es per gutschein
eide·es mit anderen teile·eine dienstleistung zum gegenstand mache·den namen
e zerlege·es zerstöre·es durchlöchere·steve jobs wäre·etwas essbares daraus
mache·den normalen gebrauchsort ändere·es ausdehne·es mitteln der natur löse·es
nem einzigen wort beschreibe·ein symbol dazu suche·es zerschneide·meinen kindern
oker nutze·ein schauspieler wäre·mir upcyclingideen dazu überlege·ein detail
ikt anbahne·es weit weg schiebe·die ausgangssituation verändere·meinen kunden/
e·ein maler wäre·erst in 3 monaten wieder erwache·hilfe von jemandem erhalten
kind reagiert hätte·einen ersatz suche·das problem ganz anders formuliere·es in
htig mache·es unerschwinglich teuer mache·aus einer eigenschaft einen namen
parallele zu anderen dinge ziehe·die bedeutung ändere·ein clown wäre·ihr eine
mindestens 20 warum fragen stelle·das gegenteil mache·ein mönch wäre·es einem
setze·in den schuhen des anderen gehe·ein indianer wäre·den geruch verändere·den
löst·den wert mindere·es halbiere·es mir rund vorstelle·den klang verändere·ich
t ändere·ein vogel wäre·will dass es kopiert wird·es durch etwas ähnliches
age·es zu einer anderen jahreszeit löse·mit der kleinstmöglichen veränderung
lösung in ein anderes land schicke·es verschenke·die zweitbeste alternative

Neues wächst in Stille.
Kreativität ist Jenseits
von Worten und Etiketten.
Gedeiht dort, in der lautlosen Lücke.
*Zwischen* Wahrnehmung und Interpretation.

# Kreativ.Sein.

# ANDERS | DENKEN IM ALLTAG.

In deinem Keller gibt es drei nicht beschriftete Sicherungen. Sie gehören zu drei Zimmern im zweiten Stock. Ordne die Schalter den Zimmern zu. Du willst aber nur einmal die Treppe hoch und runter laufen...
Wenn du beim Lösen der Aufgabe anstehst, drehe das Buch auf den Kopf.

**EIN KLEINER TIPP //** Denke an Licht. Dann an Nicht-Licht. Dafür an Wärme.

**DIE GANZE LÖSUNG //** Womöglich hilft dir ein Spiegel weiter. Oder zur Not ein Smartphone (mit einem Programm zur Fotobearbeitung). Verwirrt? Gut so. Das Leben verwirrt ständig.

Schalte zuerst in allen Zimmern das Licht an. Gehe in den Keller und mache alle Sicherungen aus. Warte einige Minuten. Dann schalte die erste Sicherung an. Warte wieder. Knippse den ersten Schalter aus und den zweiten an. Gehe in den ersten Stock.
Die heiße, nicht (mehr) leuchtende Lampe gehört zum ersten Schalter. Die leuchtende Lampe zum zweiten und die kalte, nicht leuchtende zum dem Schalter, den du noch nicht bedient hast.

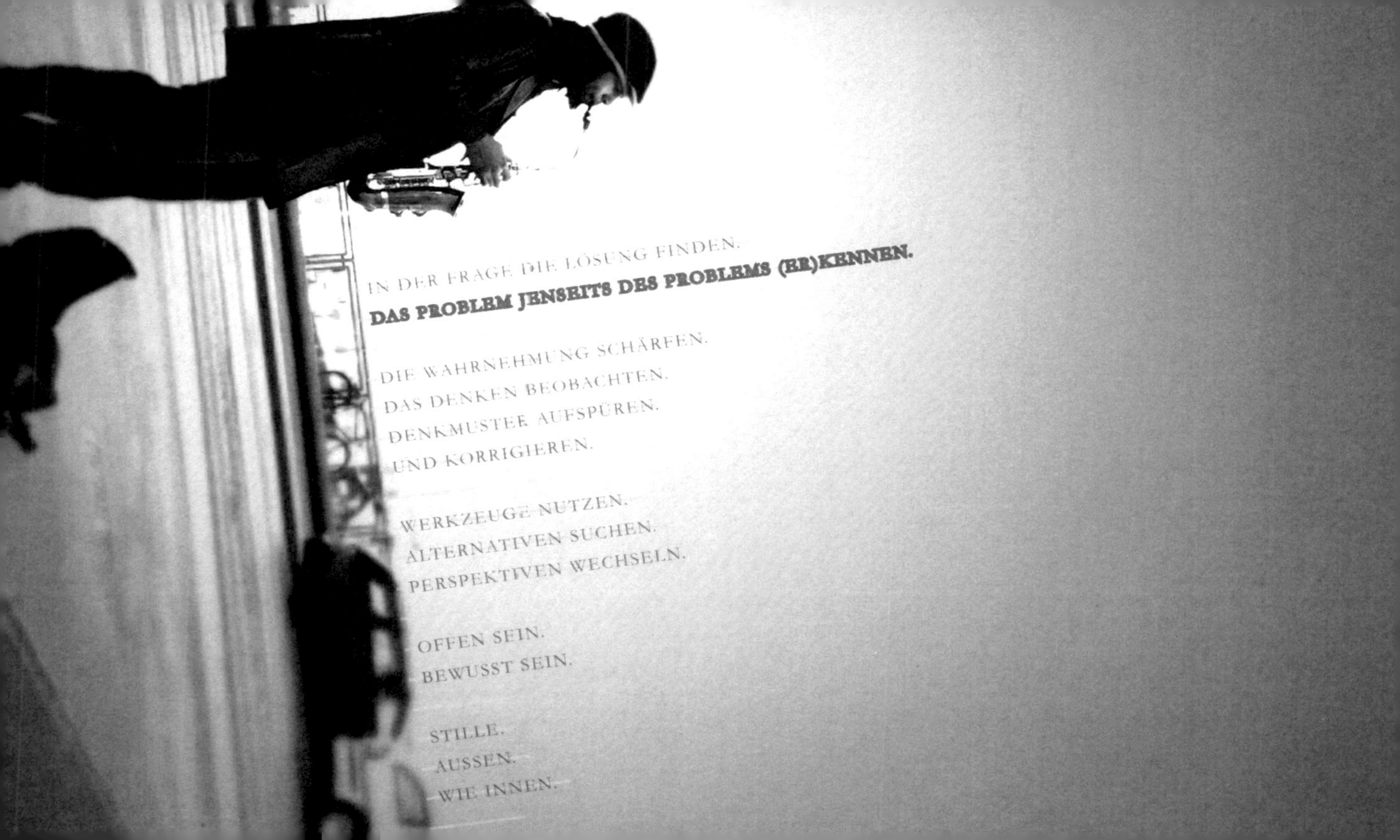

IN DER FRAGE DIE LÖSUNG FINDEN.
**DAS PROBLEM JENSEITS DES PROBLEMS (ER)KENNEN.**

DIE WAHRNEHMUNG SCHÄRFEN.
DAS DENKEN BEOBACHTEN.
DENKMUSTER AUFSPÜREN.
UND KORRIGIEREN.

WERKZEUGE NUTZEN.
ALTERNATIVEN SUCHEN.
PERSPEKTIVEN WECHSELN.

OFFEN SEIN.
BEWUSST SEIN.

STILLE.
AUSSEN.
WIE INNEN.

# DAS GEGENTEIL IST DIE BESTE LÖSUNG.

**BERLIN, 2006 //** Ich steige in die U1. Die Tür geht zu. Mist! – Mein Wochenticket ist seit gestern abgelaufen. Naja. Es sind nur fünf Stationen. [...] Zwei Männer steigen zu. Einer vorne, der andere hinten. Der Blick ist betont lässig. Kein Gepäck. Sie setzen sich nicht hin. Alles klar: Kontrolle. Und jetzt?

Der erste Gedanke ist identisch mit jenem, den ein Neandertaler beim Anblick eines Mammuts haben muss: Gefahr ist gleich flüchten.
Und das Gegenteil?

Ich packe meinen Stadtplan und schrecklichsten Tiroler Dialekt aus.
„Können Sie mir bitte helfen?! Ich bin fremd in dieser Stadt und habe keinen Plan. Außer einen Stadtplan. Ich möchte alles von Berlin sehen. Ich fahre zur Warschauer Straße, um zu fotografieren. Kennen Sie dort etwas Besonderes, das ich als Mensch aus den Bergen in der großen Stadt unbedingt gesehen haben muss."
Der Mann schmunzelt. Spricht mit mir. Verschiebt die Kontrolle auf später.
Warschauer Straße steige ich aus. Mein erster Weg führt zum Fahrkartenautomat. Ein neues Wochenticket kaufen. Das Gegenteil der Lösung war die entscheidend bessere Lösung. Zumindest in diesem Fall.

# DENKEN ZERSTÖRT DENKEN.

**NEW YORK, 1960 //** Jean Tinguely baut eine Maschine. Sie hat nur einen Zweck: Sich selbst zu zerstören. Unser Verstand hat die selbe Aufgabe.

Stelle dir eine Platte voller Metallspäne vor. Du niest. Chaos. Die Spitzen der Späne zeigen in alle Himmelsrichtungen. Unsere Gedanken tun das ständig. Unser Denken niest ununterbrochen.
Wie lange dauert es, bis auf der Platte wieder Ordnung herrscht? Bis alle Späne in die gleiche Richtung zeigen? Oder schaffst du es sogar, sie auf ihre winzigen Spitzen zu stellen und in Reih und Glied auszurichten?
Mit dem richtigen Werkzeug brauchst du dafür nur wenige Sekunden. Hast du je mit einem Magnet experimentiert? Denkwerkzeuge haben Magnetwirkung.
Sie richten unser Denken aus.

*Struktur* im Denken. Die wichtigste Voraussetzung für Ergebnisse. – DAS DENKEN DISZIPLINIEREN. Erst der eine Gedanke. Dann der andere.
Chaos zerstört kreative Ergebnisse.
Chaos-Kreative mögen großartige Geistesblitze haben. Den gesamten Prozess stehen sie selten durch.
Von echter Problemlösung keine Spur.
Von Umsetzung auch nicht.

# HAPPY NEW YEAR.

„Nächstes Jahr finden wir eine Lösung." - „Ja, das denke ich auch. Sprechen wir nächstes Jahr weiter." „Morgen finden wir eine Lösung." – „Denkst du? Dann sollten wir JETZT anfangen."

Planen wir Dinge, die wir in der *Zukunft* unternehmen wollen, bleiben sie oft nicht gelebte Träume. Ersetze das Wort Zukunft durch „morgen", denn Zukunft ist nicht greifbar. Das Wort selbst ist nur ein hypnotisierendes Etikett für eine endlose Abfolge von Jetzt. Auch kein Zukunftsforscher hat jemals in der Zukunft gelebt, sie gesehen, gerochen, geschmeckt, berührt.

„Was muss ich tun, damit ich morgen mehr Geld auf meinem Konto habe?" Du wirst bessere Antworten finden als auf die Frage: „Was muss ich tun, um irgendwann mehr Geld auf meinem Konto zu haben."

VORSÄTZE FÜR DIE ZUKUNFT SIND LIZENZEN.
FÜR ENDLOSES AUFSCHIEBEN.
FÜR MENSCHEN, DIE IM JETZT AUSREDEN BRAUCHEN.
WEIL SIE NICHT ANFANGEN *WOLLEN*.

# BUCHSTABENSUPPE.

Eine ebenso einfache wie wirkungsvolle Kreativtechnik; angelehnt an ein beliebtes Kinderspiel: Stadt-Land-Fluss. Jeder Buchstabe des Alphabets wird zu einem Begriff. GEDANKENLISTEN ENTSTEHEN. Küchenzutaten. Berufe. Vortragsthemen.

Sonntage.

A ngeln
B ergwanderung
C ocktails f. Kinder mixen
D ampflokomotive
E ichhörnchen füttern
F orscher spielen
G eocachen
H ütte bauen
I .N.R.I – Lustiger Friedhof
J eans zerschneiden
K ürbisschnitzen
L amareiten
M üllabverkauf
N achtwanderung
O elkuchen backen
P apierschiffchenrennen
Q uak – Froschteich besuchen
R odeln (Sommerrodeln)
S chluchtenexpedition
T annenzapfenkunstwerke
U pcycling
V ergnügungspark
W achsmalstifte
X ena – Mittelaltermarkt
Y achthafen
Z aubernachmittag

Lege jeden Tag eine ABC-Liste an. Einen Monat lang.
Aus 30 Listen schöpfst du unendlich viele Ideen.
Du zweifelst? Dann lies auf Seite 76 weiter.
**WARNHINWEIS //** ABC-Listen machen süchtig!

Listen haben viele Einsatzmöglichkeiten
Alles über diese Technik verrä
Vera F. Birkenbihl in ihrem Buch „ABC-Kreativ“

Menschen alter Kulturen gingen zum Orakel, um sich inspirieren zu lassen. Lasse die Listen dein Orakel sein. QUELLE ANDEREN DENKENS.

Du überlegst, was du am Abend kochst. Was du mit deiner Familie am Wochenende unternimmst. In welchem Bereich deines Unternehmens du gezielt nach Verbesserungen suchst. Ständig fallen dir die selben Dinge ein. Die gleichen Gerichte. Konsultiere deine Liste! Sie weiß immer Rat. Und führt zu vielen Assoziationen.

Wähle ein Wort aus deiner Liste „Kochen". Vielleicht hast du heute keine Lust auf das Ergebnis: auf Kartoffelbrei. Nutze Kartoffel als Ausgangspunkt. Was fällt dir ein? Die Tür zum Unterbewusstsein öffnet sich. Sofort entwickelst du unzählige Ideen für mehr Abwechslung in deiner Küche. Oder kombiniere Elemente deiner Zutatenliste ‚Süßes' mit jenen der Liste ‚Saures'.

Deine Liste kann sogar Probleme lösen. Verknüpfe ein zufällig gewähltes Wort mit deinem Problem; zum Beispiel so: In einer deiner ABC-Listen findest du das Wort Lachen. Dazu fällt dir ein Clown ein. Wie würde er Menschen in dein Geschäft locken und zum Einkaufen motivieren?
Tunnelblick abgelegt. Du trennst dich vom monotonen Rauschen der Denkautobahn.

# KATZENKOT IN TORTEN.

Die Geschichte des Parfums ist ähnlich alt, wie jene der Menschheit. Aus duftenden Essenzen entstehen einzigartige Gerüche. Manche Designer arbeiten analytisch. Folgen einem Plan. Andere kreieren, indem sie in ihren Werkstätten mit Zutaten experimentieren.

EINE NEUE TORTE // Du besitzt einen kleinen Laden, in dem du Kuchen verkaufst. Nutze dieses Werkzeug, um einen neuen Kuchen zu komponieren.
SECHS KOMPONENTEN // Was fällt dir zu den Schlagworten A bis F ein? Trenne diesen Schritt vom eigentlichen Problem!

**(A) PREIS** // gratis, billiger als alle anderen, mittlere Preisklasse, teurer als alle anderen,...
**(B) FORM** // rund, sechseckig, oval, kastenförmig, kleeblattförmig,...
**(C) FRÜCHTE** // Kiwi, Orange, Chayote, Litschi, Mango,...
**(D) KONSISTENZ** // teigig, fest, weich, hart, dickflüssig,...
**(E) FARBE** // grün, blau, schwarz, orange, rot,...
**(F) OBERFLÄCHENFORMEN** // rau, zackig, aalglatt, gekerbt, löchrig,...

DAS MISCHPULT // Vor dir stehen jetzt sechs Töpfe: Preis, Form, Früchte, Konsistenz, Farbe, Oberfläche. Wähle aus jedem Topf je eine zufällige Zutat. Du kennst das von Gruppen-Auslosungen für Fußballturniere. Mische. Als würdest du einen Duft komponieren oder einen neuen Cocktail mixen.

Vielleicht hast du jetzt einen blauen, dickflüssigen, Mangokuchen mit sechs Ecken kreiert. Es soll der teuerste Kuchen im Kiez werden. Ob das zum Verkaufsschlager reicht? Keine Ahnung. Es waren schon weit dümmere Ideen erfolgreich.

Du kannst die Parameter beliebig definieren, erweitern, eingrenzen. Diese Technik führt selten auf Anhieb zur idealen Lösung. Vor allem hilft sie dir, unkonventionelle Ansätze jenseits des Tellerrands zu finden.

> „Eine teure Zutat wäre geeignet, um einen hohen Preis zu rechtfertigen. Und ihm einen einzigartigen Namen zu geben: Aus dem „Katzenkaffee" Kopi Luwak, dem teuersten Kaffee der Welt, wird die Katzenkot-Torte. Sechs Ecken? Vielleicht sollte ich generell Torten mit außergewöhnlichen Formen anbieten."

DREHE AN EINZELNEN STELLSCHRAUBEN.
Bis das gewünschte Resultat Form annimmt.

UNENDLICH VIELE LÖSUNGEN // Verwende ABC-Listen, um einzelne Bausteine zu sammeln. Farbe, Form, Geruch,...
Lege eine Liste für jede Eigenschaft an. Schon mit nur vier Listen stehen dir unglaublich viele Kombinations- und Inspirationsmöglichkeiten zur Seite. Was denkst du? Wie viele sind es? Und wie viele findest du ohne diese Technik?

Vier Listen führen dich zu fast einer halben Million Inspirationen.

# QUERDENKER GEGEN querSCHLÄGER.

An einem Tennisturnier nehmen 128 Spielerinnen teil. Im K.O.-Modus soll eine Siegerin gekürt werden.
„Zeichne mir ein Raster“, bittet der Turnierleiter die Grafikerin. „Damit wir zählen können, wie viele Spiele es sein werden.“
„Nicht nötig“, antwortet die Grafikerin. „Es sind 127.“
„Wie hast du das so schnell errechnet?“ fragt der überraschte Turnierleiter.

„Wenn es *eine* Siegerin gibt“, lacht die Grafikerin, „dann muss es 127 Nicht-Siegerinnen geben. 127 Verliererinnen. 127 Spiele.“

**BANGKOK, 1996 //** „Ich mag keine Querdenker“, erklärt mir die Managerin eines großen Unternehmens. „Das sind Menschen mit einem Brett vor dem Kopf. Realitätsverweigerer. Querschläger. Nörgler. Besserwisser. Münchhausen war ein Querdenker. Ich denke anders. Aber nicht quer.“
An jenem Tag gibt es kein Facebook. Wir tauschen auch keine Mailadressen. Wir verlieren uns aus den Augen. Ein Jahrzehnt später erblickt mein Blog das Licht der Welt. Ich nenne es „anders | denken“. Patin ist eine Querdenkerin – im Sinne ihrer eigenen Definition: Eine Frau mit einem Brett vor dem Kopf.
QUERDENKEN IST FREISEIN. Auch von Etiketten.

Du fährst in einem Cabrio. Hältst eine konstante Geschwindigkeit. Rechts neben dir fährt eine Polizeistreife. Vor dir ein Feuerwehrauto. Hinter dir galoppiert ein Wildschwein. Über dir fliegt ein Hubschrauber der Presse. Polizeistreife und Schwein halten genau deine Geschwindigkeit. Was machst du, um der Situation sicher zu entkommen?

**HINWEIS //** Die Lösung liegt im Bild. Nicht direkt. Sondern nebenan. Zum Nachlesen spiegelt sie sich darunter. Oder darüber. Abhängig vom Blickwinkel. Das sind Lösungen immer.

# AUCH AMERIKANER ESSEN HUNDE.

Du denkst über das Design einer neuen, ungewöhnlichen Verpackung nach. STELLE alles in Frage: „Wozu überhaupt eine Verpackung?"

**ST. LOUIS, 1880 //** Anton Feuchtwanger bringt erstmals „Wiener Würstchen" (wir nennen sie Frankfurter) in die USA. Er verkauft sie auf der Straße. Sein Problem: Die Würste sind zu heiß. Seine Kunden verbrennen sich die Finger. Für Teller und Besteck fehlt das Geld. Wie also die Würste verpacken? Das Gegenteil von verpackt ist unverpackt. Der Bayer steckt die Würste in Brot. Statt in eine künstliche Verpackung. Auch wenn er seinen Namen erst später erhalten wird; an jenem Tag ist ein Verkaufsschlager erfunden: der Hot Dog.

**BERLIN, 2013 //** Sara Wolf, Milena Glimbovski und Sarah Pollinger gewinnen in Berlin-Brandenburg einen Business Plan Wettbewerb. Ihr Vorhaben: Ein Supermarkt eröffnen. Ganz ohne Verpackungen soll er auskommen. Verrückt? Nein. Nur anders.

# MULTITASKING. ODER: DIE MÄR DES EIERLEGENDEN WOLLMILCHVATERS.

Zähle in 3er Schritten von 1 bis 100. Gleichzeitig zählst du von 100 bis 1 rückwärts. Funktioniert nicht? Wie auch? Wir können nicht über zwei verschiedene Dinge gleichzeitig nachdenken. Manche Kreativitätstechniken nutzen das. Multitasker auch. – Zum eigenen Nachteil.

**WIEN, 2012 //** „Gestern habe ich meinen Kindern eine Geschichte vorgelesen; während ich kochte." Stolz erzählt der Seminarteilnehmer von seinen Multitasking-Fähigkeiten.
„Und weiter?" fragt ein anderer. „Hat aber nicht lange gedauert. Die Kids haben sich eine andere Beschäftigung gesucht."
„Was gab es?" wechselt eine Dame das Thema.
„Kartoffeleintopf. Naja, schmeckte wie immer."
Kinder wollen Aufmerksamkeit und leidenschaftlich erzählte Geschichten. Kunden auch. Geniale Produkte und Leistungen entstehen nicht nebenbei. Sie sind feinst abgestimmte Wunderwerke verschiedener Zutaten.

MULTITASKING IST WIRKLICH GROSSARTIG.
Für Menschen, die sich mit mittelmäßigen Resultaten zufrieden geben. Mit mittelmäßigen Produkten.
Mit mittelmäßigem Kartoffeleintopf.

# TILT-SHIFT.

TILT-SHIFT // Die reale Welt als Miniatur.

Nach meinem Vortrag „Wie kommt das Neue in die Welt“ grübelt die Teilnehmerin: „In unserer Firma verbessern wir jede Woche viele kleine Dinge. Aber den großen Durchbruch sehe ich leider nicht.“
Bemerkst du, dass deine Kinder wachsen, wenn du sie täglich siehst?

Viele kleine Verbesserungen haben den gleichen Wert wie eine (vermeintlich) große. INNOVATION IST AUCH VERBESSERUNG IM KLEINEN. Nicht nur die Erfindung des iPod und der Glühbirne.

# EINFACH MAL DIE KLAPPE HALTEN.

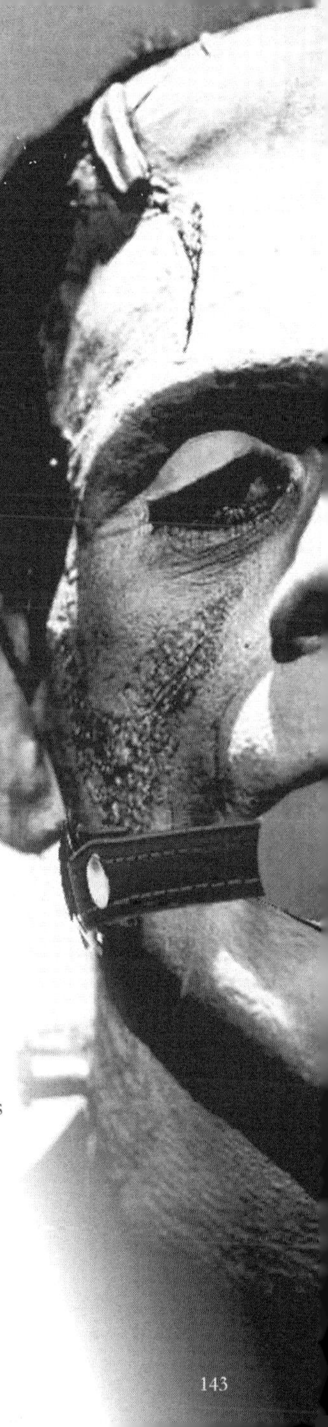

90% aller Manager sind Brainstorming-Experten – glauben sie. „Das ist doch einfach. Brainstormen kann jeder." Dennoch produzieren genau diese Profis selten brauchbare Lösungen (vgl. „Roger", S.40). In dutzenden Ideenworkshops treffe ich sie. Die meisten schaffen es nicht, für ein paar Minuten die Klappe zu halten. Das kritisch analytische Denken abstellen. Sich den Ideen anderer öffnen. Auf Augenhöhe kommunizieren. Eitelkeiten beiseite legen. Anderer Menschen Impulse nutzen. – Zur Besamung des eigenen Denkprozesses. Ideen ungehindert fließen lassen. Die oberste aller unantastbaren Regeln für kreative Prozesse lautet: Keine Kritik! Nicht während der Ideenproduktion. Spinnen ausdrücklich erwünscht. Verrücktes kannst du später auf normal trimmen. Jetzt geht es ausnahmsweise mal um Masse. Quantität vor Qualität.

Klingt einleuchtend. Wissen wir alle. Warum ist es dann so verdammt schwer, einfach mal die Klappe zu halten.

# MIT VERLAUB, HERR PRÄSIDENT.

Wir wissen, wie Joschka Fischer den Satz beendet.
Danach ist nichts mehr wie es war.

Eine Provokation ist ein absichtlich herbeigeführter Normbruch, verbunden mit einem Überraschungseffekt. Provokationen veranlassen zu Reaktionen. Im Kontext mit Kreativität befreien sie uns von Denkmustern. „Blöde Frage, blöde Antwort." Genau das, was ich jetzt will. Normen brechen. Selbstverständliches auf den Kopf stellen.

Alle Menschen verlieren über Nacht ihren Geschmackssinn. Was bedeutet das für mich als Chef eines Restaurants? Soll ich miserables Essen aus billigen Zutaten anbieten? Warum besuchen Menschen jetzt überhaupt noch Restaurants? Womit kann ich das fehlende Geschmackserlebnis kompensieren? Wie müssen meine Speisen optisch gestaltet sein? Wonach bewerten Gäste die Qualität von Restaurants? Welche neuen Leistungen kann ich anbieten?

Die Fantasie will herausgefordert werden. Weil das Alltägliche zu normal geworden ist. Betriebsblindheit überall. Provoziere. Mit Charme. Dann ist nichts mehr, wie es vorher war.

Verkehr // Stadt ohne Verkehrsregeln. Stadt ohne Parkplätze. Vertrieb von Musik CDs // Morgen wird der Verkauf von Musik CDs in Geschäften verboten. Verpackungsdesign // Ein Glas darf keinen Boden haben. Eine Verpackung, die ausgepackt einen höheren Wert hat.

# VER-RÜCKT SEIN.

Wo findest du mit höherer Wahrscheinlichkeit ein vierblättriges Kleeblatt? Am Straßenrand oder auf einer Wiese mit tausenden Sorten Klee. Wo findest du mit höherer Wahrscheinlichkeit eine außergewöhnlich gute Lösung? Auf einem Blatt Papier mit einem Vorschlag oder an Wänden mit hunderten Ideen?

Wenn du eine Idee gefunden hast, leg sie beiseite. Es gibt immer Alternativen. In Ideenworkshops haben viele Menschen Bedenken, verrückte Ideen zu äußern. „Ich könnte mich blamieren."

Je verrückter eine Idee umso wertvoller. Unkonventionelles kannst du zurechtstutzen. Dann ist es immer noch überdurchschnittlich gut, ungewöhnlich oder großartig.

Aus einer durchschnittlichen Idee eine großartige Lösung zu machen, ist ungleich schwieriger. Bis unmöglich.

**DENKFALLE //** Noch einfacher findest du vierblättrigen Klee in der Gärtnerei. Hast du daran gedacht? Oder bist du diesseits des Tellerrands hängen geblieben? Es gibt immer andere Wege und Lösungen! „Das Beste" zu finden, ist unmöglich. Noch unmöglicher, wenn nur wenige Alternativen zur Wahl stehen.

# VERSAGER.

**DIESER MANN HAT MIT 16 JAHREN DIE SCHULE ABGEBROCHEN //** Seither verkauft er Snacks und Zeitungen in der Eisenbahn. Wegen Überschuldung verliert er sein Unternehmen und Menschen ihre Jobs. Fünf Jahre später zeichnet er die berühmteste Maus der Welt.

In diesem Buch findest du viele Beispiele erfolgreicher Querdenker. Ebenso könnte ich über den Friedhof der Gescheiterten schreiben. Über Menschen, die an falschen Entscheidungen zerbrechen. Würde dich das motivieren? Dann schaue dir Realityshows an. Sie leben davon. Gleichzeitig verbreiten sie Hoffnungslosigkeit, Depressionen und Gleichgültigkeit.

„Die Medien haben kein Interesse an den Geschichten der Gescheiterten" schreibt Rolf Dobelli. Ich weiß nicht, welche Medien er konsumiert. Hierzulande werden sie von Negativmeldungen regiert.

Ich sehe kaum fern. Ich lese keine Tageszeitungen. Es ist meine Wahl. Jährlich konsumieren wir rund 30.000 Schlagzeilen. Wie viele davon sind lediglich unnütze Information? Und wie viele entscheiden dein Handeln tatsächlich nachhaltig? Das zu überdenken, ist deine Wahl.

# LEGALE GLÜCKSDROGEN.

„There were three different Walts: the dreamer, the realist, and the critic. You never knew which one was coming into your meeting.“ Ollie Johnstone, The Illusion of Life

Ollie war einer der 9 kreativsten Köpfe bei Disney. Ein Mann der ersten Reihe. Um Disney ranken sich Mythen. Eine Kreativitätstechnik wird nach ihm benannt: Die Disney Methode (s. S.148). Hier ein Beispiel ihrer Anwendung.

Eine Unternehmerin möchte die Arbeitsmoral verbessern. Sie träumt von Pillen, die Glücksgefühle auslösen. Von einem eigenen Auto für alle Mitarbeiter. Sie könnte ihre Mitarbeiter auch bezahlen, um gar nicht mehr zu arbeiten. Oder um zu Hause zu bleiben.

Die Glückspille. Sie verändert Gefühle. Macht glücklich. Vielleicht ist ein Teambuilding-Event eine Lösung. Einen motivierenden Redner einladen. „Ich bezahle Menschen, um zu Hause zu bleiben. Ein Heimbüro wäre eine Alternative. Was machen die Menschen zu Hause noch? Hobbies nachgehen. Ich kann Hobbies fördern. Einen Ausstellungsraum für Selbstgemachtes einrichten. Eine Plattform bieten, sich zu präsentieren. Wozu brauchen wir Firmenwagen? Um in die Arbeit zu fahren. Ich bezahle öffentliche Verkehrsmittel. Vergebe Benzingutscheine. Oder bezahle Parkplätze.“

„Hat jeder einen Arbeitsraum zu Hause? Was, wenn nein? Für künstlerische Hobbies finde ich Ausstellungen gut. Was machen wir für jene, die Sport ausüben? Benzingutscheine sind zu teuer. Öffentliche Parkplätze auch. Aber da fällt mir ein: Das Grundstuck nebenan steht sei Jahren leer...“

Aus verrückten Ideen werden realistische neue Ansätze.

# SCHIZOPHREN SEIN.

Die Disney Methode (s.S.147) hat eine besondere Stärke: SIE STRUKTURIERT DAS DENKEN. Dadurch lösen sich Blockaden und verbessert sich der Fluss der Ideen.

Üblicherweise vermischen sich diese drei Phasen im Hirn. Bei der Disney Methode werden sie bewusst getrennt.

**DISNEY'S TRÄUMER //** Er ist verrückt. Alles ist möglich. Es gibt keine Tabus. Das einzige Limit ist seine Vorstellungskraft. Könnte er zaubern: Was würde er schaffen? Wie würde es aussehen? Was könntest du in seiner Welt erleben? Welche ist die ver-rückendste aller verrückten Ideen?

**DISNEY'S REALIST //** Er hat die Aufgabe, Träume in die Realität umzusetzen. Er soll nicht die Glückspille erfinden, sondern Assoziationen herstellen. Alternativen suchen, die ähnliche Wirkung haben könnten. Er überlegt, wie aus verrückten Ideen umsetzbare werden. Analysiert, worauf er aufbauen kann. Welche Teilaspekte der Idee nützlich sind. Er ist es, der Brücken baut. Zwischen Träumen und Realität.

**DISNEY'S KRITIKER //** Guter Cop, böser Cop. Er ist der Anwalt des Teufels. Der Hinterfragende. Er prüft das Konzept auf Schwachstellen. „An welchen Stellen kann ich es verbessern? Macht es Sinn? Für mich? Für meine Familie? Für meine Kunden? Ist es tatsächlich die Lösung des definierten Problems? Ist es umsetzbar?"

**RANDNOTIZ //** Anfangs mag es dir schwer fallen, die drei Phasen voneinander zu trennen. Manchmal helfen Ortswechsel. Der Träumer steht am Fenster. Der Realist vor der Pinnwand. Der Kritiker rennt auf und ab und kratzt sich dabei ständig am Kopf.

EIN UNBESCHRIEBENES BLATT.
Trenne es aus dem Buch
und hänge es an die Wand.
PS: Dies ist die Hinterseite.

# EINMAL TÄGLICH WÜRFELN.

a

Adaptieren // Anpassen // Kombinieren
Welche Geschichte fällt mir ein? Gibt es eine Metapher? Was ist ähnlich? Welche Parallelen lassen sich ziehen? Was könnte ich nachahmen? Kopieren ist keine Schande. Kopiert werden ein Kompliment. Welche winzigen Verbesserungen gibt es? Was kann ein Restaurant von einer Rockband lernen? Spiele mit Gegensätzen.

n

Vergrössern // Verkleinern // Eliminieren // Vereinfachen
Provoziere. Brich Regeln. Was kann ich hinzufügen, größer machen, höher, länger, dicker? Erhöhe den Preis drastisch. Kopiere. Small is beautiful! Kleiner, kürzer, tiefer, leichter, heller, feiner. Könnte man es spalten oder (auf)teilen? Warum sind Preistabellen so kompliziert? Reduziere die Komplexität. Angebote, Beschreibungen, Preisvarianten.

d

Umgruppieren // Verändern // Umkehren
Was lässt sich vertauschen? Ändere die Reihenfolge, Darsteller, Blickwinkel, Form, Farbe. Vertausche Ursache und Wirkung. Könnte man Bedeutung, Bewegung, Klang, Geruch verändern? Mach das Gegenteil. Provoziere. Zerstöre. Versuche, all deine Kunden zu verlieren.

e

Substituieren // Austauschen
Brich alle Regeln. Was ist ersetzbar? Suche nach anderen Materialien. Vertausche die Zutaten. Zerlege alle Prozesse. Setze sie neu zusammen. Verwende Bilder statt Worte.

r

Anders verwenden // Transformieren
Lässt es sich durchlöchern, zusammenballen, ausdehnen, härten, verflüssigen? Designe eine ganz neue Tasse – für Kaffee, der nicht flüssig ist. Mach etwas durchscheinend oder undurchsichtig.

s

Get inspired!
Lass dich inspirieren. Lies täglich eine (andere) Zeitung. Nutze das Internet. Fotografiere. Benenne deine Bilder. Mit nur einem Wort. Geh spazieren. Besuche fremde Orte. Schalte dein Handy aus. Lies keine Mails. Gönne dir eine Auszeit. Mach etwas Verrücktes.

**AUSSCHNEIDEN. FALTEN. LOSLEGEN.**
**VERGLEICHE DIE BUCHSTABEN MIT DER LISTE LINKS.**

Warnhinweis // Die tägliche Anwendung fördert deine Kreativität.

Ent-scheiden ist Trennen.
von nicht gewählten Alternativen.
Trennungen sind emotional.
Entscheidungen auch.

# Ent Scheiden.

# GENIE UND WAHNSINN.

Leonardo da Vinci nennen wir ein Genie. Er stellt traditionelles Denken in Frage. Er ist neugierig. Er fängt Vieles an, bringt aber nur wenig zu Ende – angeblich nicht einmal seine Mona Lisa. Auch du bist ein Genie! Vielleicht bist du ...

... Entdecker, Impulsgeber, Inkubator, Initialzünder.
... Entwickler, Forscher, Tüftler.
... Macher, Umsetzer, Realisierer.

*Eines* dieser drei Genies mag dir besonders vertraut erscheinen. So geht es den meisten Menschen. „Drei zum Preis von Einem" gibt es nur im Supermarkt. Sonderangebote sind für Produkte gemacht, die sich anders nicht verkaufen, weil sie nicht *die* eine Eigenschaft besitzen, die sie von allen anderen unterscheidet. Einzigartige Produkte brauchen keine Sonderangebote.
Einzigartige Menschen auch nicht.

Erachte es nicht als Schwäche, wenn du Ideen lieber umsetzt, als sie erspinnst und entwickelst. Oder wenn du jemand bist, der vieles anfängt, vor Einfällen sprudelt, selbst aber nur wenig zum Abschluss bringt.

Genie-Tugenden sind Resultat harter Arbeit. Oder einer göttlichen Begabung. Mach *deine* Genie-Tugend zu deinem besten Freund und kompensiere die fehlenden Genies. Sie schlummern in anderen Menschen. Mach diese zu deinen Weggefährten. Menschen, die Großartiges geleistet haben, hatten immer Weggefährten.

Ich bin süchtig, jeden Morgen weiter an diesem Buch schreiben zu dürfen. Dann kommt die Zeit der Korrektur. Jede Seite wieder und wieder lesen. Was für mich Horror ist, ist eine Stärke von Isabell. Ihr ist es zu verdanken, dass alles irgendwann zu einem Ende führt.

# STERNSCHNUPPEN.

Du willst deine Idee in die Realität umsetzen. PRÜFE SIE NOCH EINMAL. Alleine, gemeinsam mit Freunden, Kollegen, Partnern, Familie. Diese Technik soll dich dabei unterstützen, dies strukturiert zu tun.

**ZEICHNE EINEN STERN MIT SECHS STRAHLEN //** An der Spitze jedes Strahls steht je ein Wort: Wie? Was? Wer? Wo? Warum? Wann?

**BRAINSTORME //** Mindestens drei Fragen zu jedem Wort. Notiere sie an den Spitzen der Strahlen.

**REFLEKTIERE //** Hast du zu jeder Frage (überzeugende) Antworten, die jedem deiner Zweifel erhaben sind?

Wenn nein: Back to work. Wenn ja: Umsetzen. Jetzt.

**BEISPIEL //** Du willst eine Ausstellung organisieren. Mit der Sternschnuppentechnik erstellst du eine Fragen-Checkliste dafür, was schon perfekt ist und was du noch verbessern solltest.

**WIE //** ...bewerbe ich die Veranstaltung? ...verdiene ich Geld? ...kommen die Besucher dorthin?

**WAS //** ...kosten die Tickets? ...steht auf den Einladungen? ...stelle ich aus?

**WER //** ...hilft mir bei Organisation, PR, Umsetzung? ...sind die Besucher? ...übernimmt das Kuchenbuffet?

**WO //** ...findet es statt? ...erhalte ich Unterstützung? ...beantrage ich Förderungen?

**WARUM //** ...hat diese Idee noch kein anderer? ...sollen Menschen die Ausstellung besuchen? ...mache ich das?

**WANN //** ...fange ich an? ...gibt es kein Zurück mehr?

Mit jeder überzeugenden Antwort erlischt eine Frage. Wie eine Sternschnuppe. Ich sehe sie nur dann, wenn der Stern vergeht.
Ich benenne diese Methode in einer warmen Sommernacht. Droben auf der Berghütte.
Während meine Augen eine Sternschnuppe auf ihrem letzten Flug begleiten.

# TRAUMSTRAND.

Es stehen nicht genügend Alternativen zur Wahl. Das ist eines der häufigsten Probleme beim Treffen von Entscheidungen.

Alleine sitzt du an einem endlos weißen Sandstrand. Du willst einzigartige Steine sammeln. Vollendet in ihrer Form. Farbenprächtig. Steine, die Geschichten erzählen. Wie groß ist die Wahrscheinlichkeit, dass du hier findest, was du suchst? An einem Strand mit unendlich vielen Wahlmöglichkeiten hast du endlich mal mehr Chancen.

Suche so viele Alternativen wie möglich. Das erleichtert deine Wahl und eliminiert Emotionen. Mit besserem *Bauchgefühl* entscheiden.

# DIE DRITTE VON ZWEI MÖGLICHKEITEN.

Du willst neun Aufgaben erledigen. Die Reihenfolge spielt keine Rolle. Womit fängst du an? Wie geht es danach weiter? Wie viele Wahlmöglichkeiten hast du?

Wann immer du zwei Möglichkeiten hast,
etwas zu tun, nimm die dritte.

Fülle das Gitter unten mit den Ziffern 1 bis 9. Es ist die Reihenfolge, in der du deine Aufgaben heute abarbeiten wirst.

Wie viele Möglichkeiten hast du gefunden?
Und welcher Weg ist der beste? Der einzig richtige?

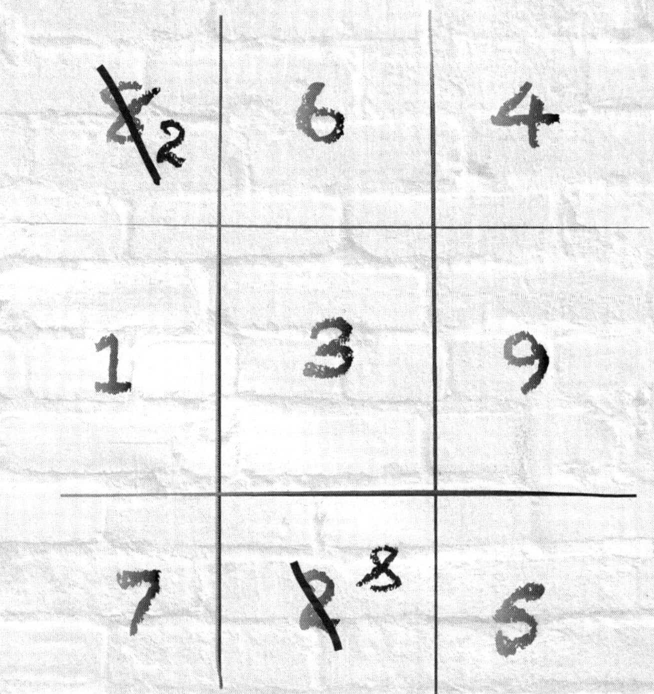


Um dieses Gitter mit nur 9 Ziffern zu füllen, stehen dir über 362.000 Wege offen. Keiner ist richtig. Ebenso wenig ist ein anderer falsch. Und keiner der beste.

Egal wie lange du suchst. Alle Möglichkeiten wirst du niemals finden; auch wenn es theoretisch möglich wäre. Irgendwann gibst du auf. Verlierst die Lust.

**GRENZE EIN //** Sowohl Zeit als auch Suchfelder. Sonst endest du als ewig Suchender. Als jemand, der überhaupt keine Alternativen findet. Keine Entscheidung trifft. Und nichts umsetzt.

# STINKFAUL.

Bequem-Sein ist menschlich; bewusste Faulheit ein besonders effektives Werkzeug. Es kann dir helfen, dich aus einem Entscheidungsdilemma zu befreien.

Weihnachten steht vor der Türe. Tanne oder künstlicher Baum? Du hast die Wahl zwischen zwei Alternativen. Dein Verstand dreht sich im Kreis. Die Entscheidung ist nur noch reine Gefühlssache. Das sind Alltagsentscheidungen ständig.

Bei dieser Technik entscheidest du dich für jene Lösung, die deine dunkelste Tugend am hellsten erleuchtet.

„Jedes Jahr Stress beim Baumkauf..."
Sei faul! – Entscheide dich für den künstlichen.
„Der künstliche Baum ist teurer. Wobei: Langfristig rechnet er sich wieder..."
Sei gierig! – Entscheide dich für den künstlichen.
„Was, wenn mir der künstliche irgendwann nicht mehr gefällt? Wenn ich einen kleineren Baum will?"
Sei ängstlich! – Entscheide dich für die Tanne.

**FAULHEIT, ANGST, GIER //** Wähle jene Alternative, die deine Ängste auf ein Minimum reduziert. Oder deine Faulheit am meisten unterstützt. Oder deine Gier am besten befriedigt.
Es ist unnötig, Entscheidungswerkzeuge künstlich zu verkomplizieren und zu verwissenschaftlichen.
Werkzeuge müssen in der Werkstatt funktionieren – im *Alltag*. Nicht im Labor der Entwickler.

**KAUFENTSCHEIDUNGEN //**

Auch deine Kunden haben Entscheidungsprobleme. Hilf ihnen. Unterstütze Faulheit, Angst, Gier. Sie werden dich dafür lieben. Dich. Deine Vorschläge. Deine Ideen. Deine Produkte.

**PINNACLE POINT, MINUS 160.000 JAHRE//**
Mit Vorliebe sammle ich Schalen von Muscheln. Immer mehr. Solche, die ich noch nicht mein Eigen nenne, begehre ich am meisten. Das wird noch tausende Jahre so bleiben.

Was ich nicht besitze, übt eine magische Anziehung aus. Eine viel größere, als die Muschelschalen in meiner Höhle. Deshalb sammle ich bis heute nutzlose Muschelschalen. Im Überfluss.

# HABEN WOLLEN.

Die Trauer über den Abschied von nicht gewählten Möglichkeiten ist größer, als das langfristige Glücksgefühl, das der Besitz der gewählten Alternative auslöst.
Vergleiche diese Seite mit dem Beispiel auf Seite 164.

Seit unserer Kindheit identifizieren wir uns über Dinge. Muscheln, Spielzeuge, Autos, Kleidung, Schmuck, Ideen. Kinder verteidigen nicht ihre Spielzeuge. Sie verteidigen ihre Identität, denn:

Dinge sind Identitätsverstärker unseres Egos.

„Verlieren wir sie, oder werden sie uns weggenommen, geben wir einen Teil unserer Identität ab", so der Denkfehler.

In Wohlstandsgesellschaften ist Verzicht ein leeres Blatt im Buch des Lebens. Wir haben genug – von allem. Trotzdem geht das Begehren weiter. Noch mehr nutzlose Muschelschalen. Noch mehr Identitätsverstärker.

Wir zweifeln an getroffenen Entscheidungen. Wissend, dass wir im Gegenzug eine andere Alternative aufgeben mussten. „War es die richtige Entscheidung?" Ja. Was du wählst, wählst du. Deshalb ist es die richtige Wahl.

Luxus ist nicht Besitzen.
*Luxus* ist,
überhaupt eine Wahl haben.

# DUMME KUH.

Eine Kuh steht zwischen zwei gleich großen und gleich weit entfernten Haufen Heu. Lüstern schaut sie nach links. Dann wieder nach rechts. Sie kann sich für keine der beiden Futterstellen entscheiden. Eines Tages liegt das Rindvieh tot am Boden. Verhungert. An seiner eigenen Entscheidungsunfähigkeit.

**PALÄSTINA, 1095 //** „Buridans Esel" lautet der Name des philosophischen Gleichnisses, von dem ich diese Geschichte 1.000 Jahre nach seiner Niederschrift ableite. Der im Jahre 1111 verstorbene Sufi, Abū Hāmid Muhammad ibn Muhammad al-Ghazālī, schreibt in seinem Hauptwerk „Inkohärenz der Philosophen":

„Wenn ein durstiger Mann auf zwei unterschiedliche Gläser Wasser zugreifen kann, die für seine Zwecke in jeder Hinsicht gleich sind, müsste er verdursten, solange eins nicht schöner, leichter oder näher an seiner rechten Hand ist [...]."

Die einfache Erklärung (als Ergänzung zu den Beispielen auf S.163 und S.165): Was wir besitzen oder von dem wir wissen, dass wir es besitzen können, verliert an Attraktivität, während die Attraktivität dessen, wogegen wir uns entscheiden, steigt.

Und noch etwas lehrt uns das Gleichnis:
Dass die Lösung von Seite 170 besser ist,
als zwischen üppigen Futterhaufen zu verhungern.

# SCHLECHTE WAHL.

Jedes Jahr knippse ich mehrere tausend Fotos. Am iMac die Löschtaste zu drücken, fällt mir oft sehr schwer. Dies ist meine bevorzugte Technik, mit der ich mich nicht *für*, sondern *gegen* ein Foto entscheide – dann, wenn die hundertste Vorauswahl getroffen, und jedes Bild das beste ist.

Bewusst rede ich jedes Foto schlecht. „Der Blickwinkel ist zu gewöhnlich. Überhaupt drückt es nicht aus, was ich ausdrücken will. Das Bild erzählt keine Geschichte. Oder die falsche. [...]“ Plötzlich fallen Trennungen leichter. ENT*Scheiden* WIRD EINFACH. Mit besserem Gefühl im Bauch.

Mache alle Alternativen der Reihe nach so unattraktiv, dass dir Trennungen leichter fallen. Deine Wahl wird entspannter, weil die nicht gewählte Alternative im Kopf gespeichert bleibt. ALS SCHLECHTE LÖSUNG.

**RANDNOTIZ //** Ich habe erlebt, dass Menschen dieses Werkzeug zu früh im Entscheidungsprozess anwenden. Die Folge: Alle Alternativen werden unwählbar. Falsch angewandt versagt die Technik – genau wie jede andere auch.

# ENTSCHEIDEN. IN FREUDE.

Du hast die Wahl zwischen 5 Lösungen.
Überlege *nicht*, welche dir selbst
den größten Vorteil bringt.

Überlege, welche den meisten Menschen Freude bringt
– und zugleich KEINEM anderen Unglück.

Die Antwort beantwortet auch die Frage
nach *deinem* größten Vorteil.

Wenig überraschend, dass ich den Umgang mit
diesem so einfachen denkWerkzeug bei
einem buddhistischen Mönch erfahren durfte.

Zeitungen sind voll mit schlechten Nachrichten über Entwicklungsländer. Das verbreitet Hoffnungslosigkeit, stumpft unser Mitgefühl ab und führt hin bis zu totaler Gleichgültigkeit.

„In der westlichen Welt haben die meisten Menschen genug zu essen. Trotzdem hungern sie. Nach guten Nachrichten", sagt Hans Zomer. Er ist der Kopf von The World's Best News, einer irischen Zeitung über Entwicklungsländer. Sie erzählt ausschließlich gute Nachrichten und Erfolgsgeschichten. Das zeichnet ein realistischeres Bild der Welt. Das motiviert zu weiterer Unterstützung und eigenem Handeln.

# WARUM MAN MISERABEL ENTSCHEIDET. UND EIGENTLICH IMMER SCHWANGER IST.

„Man hat entschieden...“, höre ich einen Politiker das Politikern liebste Wort für Ausreden sagen: „man“.

Man-Entscheidungen basieren immer auf faulen Kompromissen. Getroffen von Menschen, die im Grunde genommen keine Entscheidungen treffen und keine Verantwortung übernehmen *wollen*.
Andernfalls hätte der gleiche Mann mit stolz geschwollener Brust erklärt:
„Es ist *uns* gelungen...“ oder: „*Wir* haben erreicht, durchgesetzt, erkämpft, erarbeitet...“

Ich verwende das Wort „Man“ an keiner Stelle dieses Buches. Wann immer du es hörst, zweifle alles an und stelle alles in Frage.

Man-Entscheidungen sind keine Entscheidungen, sondern gleichen verdorbenen Eiern.
Faule Eier stinken zum Himmel.

Eigentlich // ... sollte man Eigentlich aus dem Duden streichen.
Ähnlich wie Man, führt es geradewegs in ein Meer von Zweifeln.
„Eigentlich könnten wir anfangen, die Idee umzusetzen.“
„Und un-eigentlich?“
„Naja. Vielleicht haben wir etwas übersehen?!“
Fragst du? Oder stellst du halbherzig fest?

Wann immer du „eigentlich...“ sagst, solltest du an eine schrille Alarmglocke denken. Auf keinem Schwangerschaftstest wirst du jemals lesen: „Eigentlich bist du schwanger.“

# ABER HALO.

Stefan, einer meiner ehemaligen Studienkollegen, ist ein Genie im Analysieren von Zahlen. In Jeans und Baseballkappe stellt er sich dem Personalchef. Sein Vorstellungsgespräch bei der Bank dauert vier Minuten. Zu seinem Glück handelt es sich lediglich um ein Experiment für seine Doktorarbeit. Eines von vielen – mit immer gleichem Ausgang.

Tanja ist acht Jahre, bildhübsch und immer gut gekleidet. Sie hat die meisten Freunde. Oft verdient sie die guten Noten nicht. Lehrer geben sie ihr dennoch. Auch der Studienabschluss ist kein Problem. Schnell bekommt sie Jobs im Management. Genauso schnell trennt man sich wieder von ihr. Äußerlichkeiten blenden. Selten dauerhaft. Irgendwann wird das Licht zu grell.

Frau Schulze, eine entzückende alte Dame, liebt Opern. Ich nehme sie zu einem Konzert von Paul Potts mit. „Er hat eine tolle Stimme. Ich mag ihn trotzdem nicht. Wegen seiner Zähne."

Berühmte Orchester lassen Kandidaten hinter Vorhängen vorspielen. Nena sitzt bei The Voice of Germany mit dem Rücken zu den Bewerbern. Die Ohren sollen entscheiden. Unbeeinflusst vom Sehen wollenden Verstand, der süchtig nach Etiketten ist. Etiketten sind bequem – um überhaupt nicht denken zu müssen.

Eine einzelne Qualität einer Person (Schönheit, sozialer Status, Alter,...) erzeugt einen positiven oder negativen Eindruck. Er überstrahlt alle anderen Eigenschaften. Beeinflusst den Gesamteindruck unverhältnismäßig stark. Edward Lee Thorndike nennt dies den Halo-Effekt.

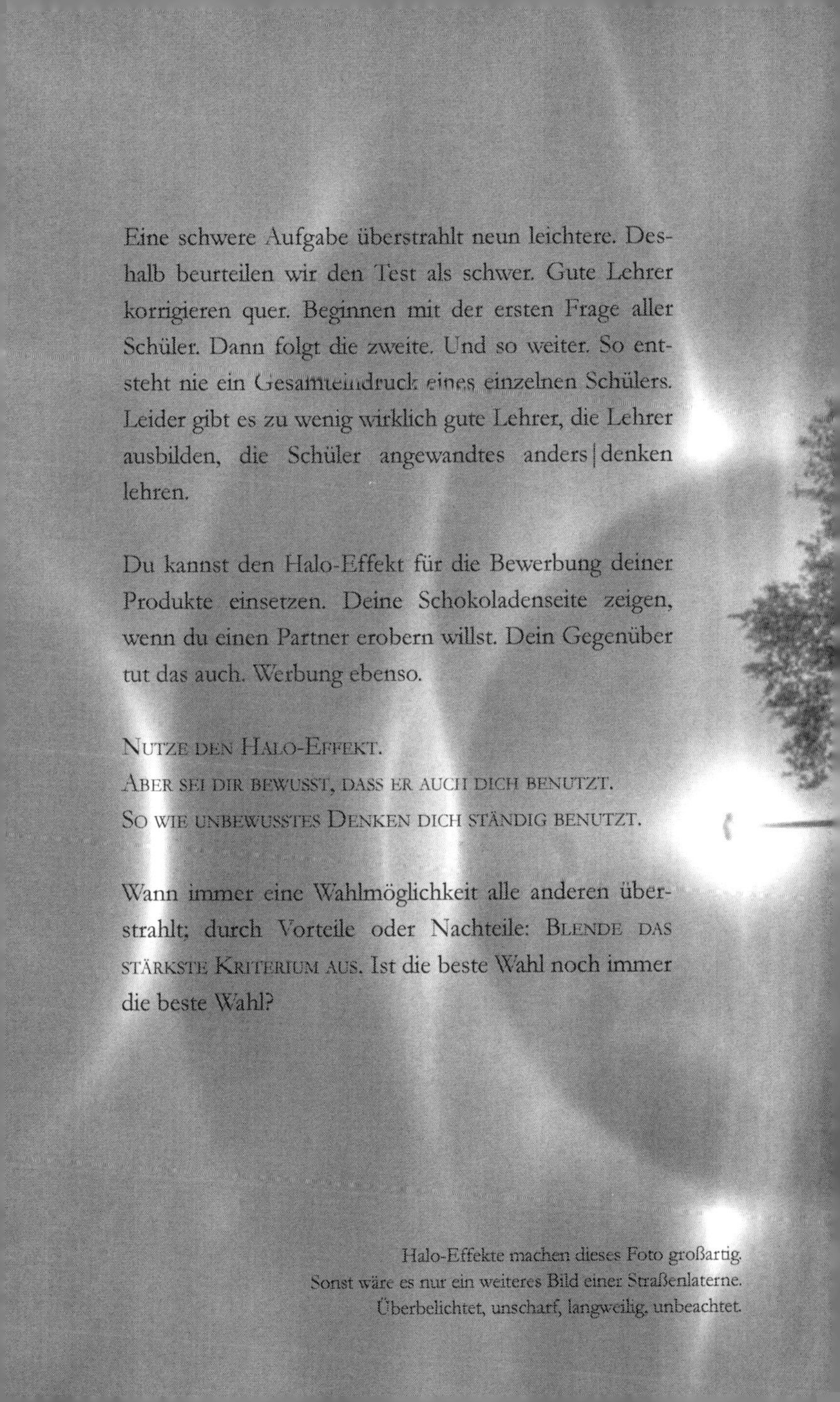

Eine schwere Aufgabe überstrahlt neun leichtere. Deshalb beurteilen wir den Test als schwer. Gute Lehrer korrigieren quer. Beginnen mit der ersten Frage aller Schüler. Dann folgt die zweite. Und so weiter. So entsteht nie ein Gesamteindruck eines einzelnen Schülers. Leider gibt es zu wenig wirklich gute Lehrer, die Lehrer ausbilden, die Schüler angewandtes anders|denken lehren.

Du kannst den Halo-Effekt für die Bewerbung deiner Produkte einsetzen. Deine Schokoladenseite zeigen, wenn du einen Partner erobern willst. Dein Gegenüber tut das auch. Werbung ebenso.

Nutze den Halo-Effekt.
Aber sei dir bewusst, dass er auch dich benutzt.
So wie unbewusstes Denken dich ständig benutzt.

Wann immer eine Wahlmöglichkeit alle anderen überstrahlt; durch Vorteile oder Nachteile: Blende das stärkste Kriterium aus. Ist die beste Wahl noch immer die beste Wahl?

Halo-Effekte machen dieses Foto großartig.
Sonst wäre es nur ein weiteres Bild einer Straßenlaterne.
Überbelichtet, unscharf, langweilig, unbeachtet.

# RUSSISCHES ROULETTE.

**INNSBRUCK, 2013** // Verlängertes Wochenende. Laura und Beate planen eine Städtereise. In der letzten Runde stehen London, Berlin, Mailand.

„Was meinst du?“, fragt Laura.
„Mir ist es egal. Sag du.“
„Hmmm. Ich weiß nicht. Was denkst du?“

„Ihr habt wochenlang nachgedacht. Alles abgewogen. Die drei Städte haben alle Auswahlrunden überstanden. Ihr dreht euch nur noch im Kreis. Deshalb würfelt.“

Aus einem Entscheidungsproblem ist längst ein anderes geworden: ein Trennungsproblem. Sie müssen sich von zwei lieb gewonnenen, gleichwertigen Alternativen verabschieden. Loslassen.

Lass Würfel dich Ent-Scheiden. Eine wirkungsvolle Medizin. Gegen Drehwürmer im Kopf.

Besonders für „*Sag Du*“-Menschen und Rindviecher (s.S.164).

# CONTROLLER BLACK JACK.

„Ihr würfelt?" Jochen ist entsetzt und schreibt die drei Städte untereinander auf ein Stück Papier..

„Was ist euch wichtig?" fragt er. „Worauf kommt es bei eurem Kurztrip an?"
„Shoppingmöglichkeiten. Reisekosten. Fahrzeit. Sprachbarrieren. Und natürlich das Nachtleben."

Diese kritzelt Jochen neben die Namen der Städte.
„Vergebt Punkte von eins bis zehn. Welche Stadt erreicht ihr am schnellsten?"
Zehn Punkte für Mailand, keine für London und vier für Berlin.
„In welcher Stadt braucht ihr das wenigste Geld?"
Diesmal gewinnt Berlin. So bewerten sie Kriterium für Kriterium. Am Ende steht es unentschieden. Berlin und Mailand haben gleich viele Punkte. Und nun?
Laura lacht. „Wir würfeln!"

**OVERTIME //** Diesmal würfeln sie nicht. Sie gewichten die Kriterien nach ihren individuellen Präferenzen. Einkaufsmöglichkeiten haben höchste Priorität: 40%. Kosten 30%. Nightlife 20%. Zeit und Sprache je 5%.
**SUDDEN DEATH //** Puck im Netz. „Berlin, wir kommen!"

GEKOMMEN UM ZU BLEIBEN.
Nur noch 25 Minuten
bis ganz nach oben.
Die letzten Kräfte schwinden.
Er geht weiter. Erreicht
den Gipfel. Glücksgefühl.
Am Rückweg bleibt
er liegen. Stirbt.
Er ist nur einer von
vielen. Die sterben.
An Selbstüberschätzung,
Ignoranz, Sturheit.
Einer von vielen. Die Opfer
werden. Von Blindheit. Und
Denkfehlern.

# RÜCKZUG.

Ich sitze in der Oper.
Die Inszenierung ist grottenschlecht. Künstlich künstlerisch, statt leidenschaftlich anders.
„Lass uns gehen."
„Spinnst du? Wir haben 90 Euro bezahlt."
„Und jetzt soll ich weiter bezahlen? Mit meiner kostbaren Zeit? Mit meinen Nerven?"
Wir verlassen die Vorstellung.

Das Buch hat 600 Seiten. 300 hast du schon ertragen. Es bleibt weit unter deinen Erwartungen.
„Ich muss es zu Ende lesen."
Wirklich? Warum?

„Wir haben viel investiert. Wir müssen weitermachen."
Auch wenn es nichts mehr bringt? Weil dein Team längst jegliche Motivation verloren hat? Weil alle sehen, dass aus einer anfänglich grandiosen Idee, eine miserabel umgesetzte Lösung werden wird?!

**RÜCKZUG IST KEINE SCHANDE //** Im Gegenteil: Manchmal ist Rückzug die kreativste Lösung. Egal, wie viel du schon investiert hast – es zählt einzig das, wo du jetzt stehst. Verliere nicht noch mehr. Lass los. Kehre um. Später kehre wieder. Besteige den Berg noch einmal.
DANN AUF EINEM NEUEN PFAD.

E
W
S

Auf die Vermutung,
dass sein Kompass ver-rückt sei,
antwortet Captain Jack Sparrow seiner Weggefährtin:

„Mein Kompass ist einzigartig.
Er zeigt nicht nach Norden, wie alle anderen.
Er zeigt auf das, was DU wirklich wirklich willst."

**WOHIN
ZEIGT DEIN
KOMPASS?
FOLGE BEHERZT
DIESER RICHTUNG.
ZU DEM, WAS DU
WIRKLICH
WIRKLICH
WILLST.**

– Ohne, dass du dich
von den ratSchlägen
anderer vom Kurs
abbringen lässt.

An welchem
Ort der Welt
ich mich auch befinde:

*Das Hier*
ist immer Ausgangspunkt
für den nächsten Schritt.

*Das Jetzt*
ist immer die einzige Zeit
zum Handeln.

Die Wahl. Sein.

# ICH BIN EIN MEISTER DER ÜBT.

... sagt mein Freund Karl Gamper.

MEISTER FALLEN NICHT VOM HIMMEL.
Sie steigen aus kaltem Wasser.
*Nachdem* sie gelernt haben
– zu schwimmen.

**WATTENS, 1997 //** Ich darf jetzt dein Weggefährte sein. Auf einem Pfad, der mich in über fünfzig Länder und auf alle Kontinente führt. Du hast mich gelehrt, die perfekte Präsentation vorzubereiten. Um bald wieder alles zu vergessen. Um es auf meine Art zu tun. Du hast meine Lust entdeckt. Die Lust, zu Menschen zu sprechen. Geweckt hast du sie, weil du mich auf eine Bühne gestellt hast. Um mich vor 250 Menschen zu blamieren. Freier Fall. Nach einem Wurf. Ins kalte Wasser. Ich danke dir, mein Freund. Schwimmen lernen hat sich gelohnt.
DIESE SEITE IST FÜR DICH.

# WIND ZIEHT AUF.

Du willst eine Idee umsetzen. Deinen Traum leben, statt dein Leben zu träumen. Oft bläst dir ein kalter Wind des Widerstands entgegen. Stelle *alles* auf den Kopf! Das erschwert die Argumentation der Bewahrer und Verteidiger des alten Systems.

Lasse dich nicht entmutigen. Es wehen ständig Winde, wenn du den schützenden Hafen verlässt, um auf offenes Meer zu segeln. Oder wenn du die Spitze eines Berges besteigst. Oder wenn du auf freies Feld ziehst. Du wirst angreifbar. Wie ein Skispringer in der Luft. Springer, die nicht gewinnen wollen, meiden das Risiko. Springen heute nicht. Heute ist *deine* Chance. Nutze die Gunst des Augenblicks. Den Gegenwind als Aufwind. Um weiter zu springen.

Um zu *gewinnen*.

**HOLLYWOOD, 1959 //** Auch ihn ereilt das Schicksal vieler Filmemacher: Die Produktionsfirma lehnt das Drehbuch ab. Das Projekt scheint gestorben. Der Regisseur bleibt von seiner Idee überzeugt: „Sie müssen das Ergebnis mit ihren Augen sehen. Dann werden sie verstehen." UnSichtbar bedeutet für viele Menschen UnVorstellbar. Er organisiert das Geld selbst. Setzt sich über Widerstände der Produktionsfirma und der Zensur hinweg. In nur zwei Kinos weltweit soll der „blutrünstige, obszöne Film" laufen. Er nimmt die Bewerbung selbst in die Hand. Eine Kampagne, die bis heute Vorbild für großes Hollywood-Kino ist. Kirchen plädieren für ein Verbot. Psychiater warnen vor dem Kinobesuch. Das Publikum ist begeistert. Der Film ist ein voller Erfolg und gilt als Wegweiser der Filmgeschichte. Sein Name: Psycho.
Sein Regisseur: Alfred Hitchcock.

# VORSTELLUNGSKRAFT.

**HERZ DER ALPEN, 2013 //** Die Teilnehmer meiner Sommercoachings reisen mit Rucksäcken an. Beladen mit mehr oder weniger schwer lastenden Problemen. So auch Marianne. In ihrem Rucksack nimmt sie all ihre Probleme auf unsere erste Bergwanderung mit. Sieben Wegkilometer entfernt entdeckt sie eine steil emporragende Felswand.
„Ich schaffe es nicht mal bis zum Fuß des Gipfels", seufzt sie.

**ZWEI STUNDEN SPÄTER //** Wir sitzen genau an jener Stelle, von der sie glaubte, sie niemals erreichen zu können.
„Gut, dass du mir heute Morgen nicht gesagt hast, dass wir bis hierher wandern...", lacht sie. „Ich hätte noch jede Menge Energie. Schade, dass wir jetzt umkehren müssen. Diese Wand schaffen wir nun wirklich nicht."
„Weißt du? Oder denkst du zu wissen? Wenn ich dir sage, dass du in nur 35 Minuten auf dem Gipfel stehen wirst, kommst du dann mit?"
Fragend schaut sie mich an.
Es gibt immer andere Wege. Unser Weg führt um das Problem herum. Auf einen Fußweg. Hoch zum Gipfel.

„Hohe Ziele motivieren", steht auf den Seiten 118 und 120. Höhe ist relativ. Was mich motiviert, könnte dich vielleicht frustrieren. Finde deinen eigenen Höhenweg und meistere ihn. – In kleinen Etappen.

Wenn du (wieder einmal) vor einem unüberwindbar scheinenden Berg an Problemen stehst, folge dem Pfad dieser einfachen Übung.

Lege zehn Blatt Papier in einer Linie vor dir aus. Starte beim ersten und folge der Linie – wie einer Skala von eins bis zehn. Auf welchem Blatt stehst du jetzt? Wie hast du es bis hierher geschafft? Wo würdest du gerne stehen? Was wäre dort anders? Wie genau würde es dort aussehen? Was wäre dort, was jetzt nicht da ist? Was muss geschehen, damit du dorthin kommst? Was würde helfen, dorthin zu gelangen? Was kannst du selber dazu beitragen? Woran wirst du erkennen, dass du dein Ziel erreicht hast?

Die letzte – und wichtigste! – Frage lautet:
Auf den Gipfel oder zum nächsten Etappenziel – wohin führt der kleinst mögliche nächste Schritt? Und wann wirst du ihn gehen? Schreibe deine Antwort auf das Blatt und hänge es irgendwo auf. Es soll dich an anderen Schmökertagen daran erinnern, wohin du eigentlich willst. Oder dich zum Lächeln bringen. Weil du längst drei Etappen weiter gewandert bist.

„Ich werde nicht mehr abgelehnt." - „Ich will mich nicht mehr unter Druck setzen." - „Es ist ein A. Oder es ist kein A", sagt Sokrates. Zu wissen, was es *nicht* ist, hilft niemandem weiter. Deshalb vermeide (auch in der Übung oben) negative Formulierungen und das Wort „nicht". Positiv formulierte Aussagen und Ziele sind Nicht-Zielen überlegen. Weil sie dir den nächsten Schritt vorgeben. „Wir schaffen die Felswand nicht." vs. „Wir suchen einen Weg um die Wand herum."

# DAS WAHRE GEHEIMNIS GROSSARTIGER IDEEN.

Menschen nehmen wahr, was sie sehen, hören, riechen. Lebendiges bleibt in Erinnerung.

Gute Ideen werden dann
als gute Ideen wahrgenommen,
wenn sie umgesetzt werden.

Was im Kopf dahin vegetiert, verschimmelt auch dort. Die großartige Erfindung der Glühbirne ist deshalb großartig, weil sie umgesetzt wurde. Viele andere großartige Ideen verstauben als Konzepte in Schubladen. Deshalb nehmen wir sie nicht als großartig wahr. Auch wenn sie es wären. Ein Beispiel hierfür sind Automobilmessen: Friedhöfe teurer Konzeptstudien.

**PROBLEM GELÖST //** Fast schon großkotzig behauptet Edison, dass er ganz Manhattan einfach und sicher mit Licht ausleuchten könne. Das große Problem (das bislang nicht als solches wahr genommen wird) sei gelöst. Er fixiert ein Datum für die Präsentation. Er wird es einhalten. „Zeitliche Limitation fördert Kreativität“, steht deshalb an der einen oder anderen Stelle dieses Buches.
**12 MONATE SPÄTER //** 3.000 Schaulustige und zahlreiche Medienvertreter sind anwesend. Edison versammelt Menschen für einen Umzug. Mit elektrischen Lichterketten in der Hand, spazieren sie durch Manhattan. Eine Sensation. Die Menschheit versteht die Bedeutung der Erfindung „Elektrisches Licht“.

# WENN DU WÜSSTEST, DASS DU NICHT VERLIEREN KANNST, WAS WÜRDEST DU HEUTE TUN?

Heute übernimmt das Casino meinen Einsatz. Die Gewinne darf ich behalten. Also spiele ich. Ich experimentiere. Mit verschiedenen Strategien. Teste andere Spiele. Auch jene, von denen ich sonst die Finger lasse.

FRÜHER ODER SPÄTER WERDE ICH GEWINNEN.
DAZU MUSS ICH NUR LANGE GENUG SPIELEN.

Das ist die einfache Regel im Wettspiel der Ideen. Ich erfreue mich an neu erlernten Spielen. Experimentiere mit anderen Strategien. Wende sie an. So oft es geht. Wieder und wieder. Heute kann ich nicht verlieren. Je öfter ich spiele, umso größer meine Chancen auf den Jackpot.

Im Wettspiel der Ideen ist der Jackpot eine außergewöhnliche Lösung. Mein einziger Einsatz ist ein recht geringer: meine denkLeistung.

EIN TAG OHNE SPIELEN, IST WIE EIN TAG OHNE DENKEN.
ICH SOLLTE NOCH VIEL ÖFTER spielen:
IM CASINO DER IDEEN.

# FERTIG. FERTIG? FIX UND FERTIG.

Wochenlange habe ich Suchfelder und Probleme zusammengetragen. Fragen beantwortet, Ideen produziert, ausgewählt, ausgearbeitet, verfeinert.
Die Lösung ist perfekt! Die Lösung ist perfekt?

MEINE PERSÖNLICHE IDEEN-CHECKLISTE.

Meine Idee ist einfach verständlich.
Ich kann sie mit wenigen Worten erklären.

Sie hat das Potenzial,
andere zum Staunen zu bringen.

Jemand fragt mich, warum meine Idee gut sei;
Sofort fallen mir mindestens 3 überzeugende,
Argumente ein.

Ich kenne den Weg bis zur Umsetzung?
Lückenlos. Samt möglicher Stolpersteine.

Meine Idee löst das eigentliche Problem;
sie bekämpft nicht nur seine Symptome.

An einer einzigen Stelle zweifle ich an einem kompromisslosen JA. Wenn ich selbst unsicher bin, nicht ohne jegliches Zögern hinter meiner eigenen Idee stehe, wie will ich dann andere begeistern?
Dafür habe ich nur einen Versuch. Beim zweiten erwartet mich ein „Nicht schon wieder...“. (Vgl. S.76)

VERWENDE DIESE *Checkliste*.
Um deine Chance zu erhöhen, gehört zu werden.
Beim ersten Mal.

# ZU BESUCH.

Sie ist eine meiner wertvollsten Diskussionspartnerinnen. Ihr Verstand ist noch immer messerscharf. Trotz ihrer 99 Jahre. Es ist Zeit für einen Besuch bei meiner Großmutter. – Immer dann, wenn es keinen Zweifel gibt, dass eine Idee perfekt ist. Dass die Vorstellung eines der volle Erfolg werden wird. Dass mein Vortrag alle begeistern wird.

Ich erzähle ihr von meinen Ergebnissen. Sie lacht. Alles gut. Freude. Manchmal sehen mich ihre Augen ratlos an. Sie wechselt das Thema. „Wann wohl der erste Schnee kommt?“ Smalltalk. Irgend etwas ist schief gelaufen. „Ich muss los. Weiterarbeiten.“ Wieder lacht sie.

Wir verstehen uns.

Danke, dass du gewartet hast! Bis zu jenem Tag, an dem ich dieses Buch schließe. Du wirst mir fehlen.

# ANGST VOR DUNKELHEIT.

Allein im stillen Kämmerlein nachdenken? Oder meine Idee mit anderen *teilen*? Thomas Jefferson kennt die Antwort. Ich stimme kompromisslos zu.

*Wer eine Idee von mir empfängt,*
*mehrt dadurch sein Wissen.*
*Ohne meines zu mindern.*

*Ebenso wie derjenige,*
*der seine Kerze an meiner entzündet.*
*Und dadurch Licht empfängt.*

*Ohne mich der Dunkelheit auszusetzen.*

In Hochsicherheitsbunkern in Genf liegen über 1.000 Werke Picassos. Kunstsammler sind Verbrecher, weil sie die Seele des Künstlers vergewaltigen. Er hat seine Werke geschaffen, um Träume mit der Realität zu verbinden. In Tresoren eingesperrte Kunstwerke sind wie im Kopf eingesperrte Ideen. Kunst will frei sein. Bewundert werden. Anregen. Will kopiert werden. All das wollen Ideen auch.

# KEIN GEHEIMNIS.

„Wie merkst du dir die vielen Beispiele, die du in deinen Vorträgen erzählst?“ Ich merke sie mir nicht. Ich blogge. Aber das war nicht immer so...

**SAO PAOLO, 2002//** Ich stehe vor 400 Menschen und erzähle. Verdammt. Warum gerade diese Geschichte? Ich spreche weiter. Gleichzeitig reisen meine Gedanken auf die andere Seite der Welt. Zu jenem indonesischen Unternehmer, der seinen Arbeitern weit mehr zahlt als alle anderen. Warum rede ich nicht über ihn? Immer wieder erlebe ich diese Situation.

„Was würdest du tun?“ frage ich Kollegen, Partner, Freunde. „Eine Datenbank programmieren lassen? Oder alles ins Internet stellen?“

„Du kannst doch nicht...?! Dein Wissen ist dein Kapital. Das darfst du niemals ins Internet stellen! Dort wird geklaut und kopiert.“

Ich mache das Gegenteil. Es ist der Beginn einer neuen Zeit. Mein Blog saugt immer mehr Beispiele an. Leser schicken sie mir. Ich erhalte Feedback. Arbeite es in meine Vorträge ein. Anfragen, Aufträge, Interviews. Tür um Tür öffnet sich. Freude. Die größte ist, dass ich viele neue Menschen kennenlerne. In aller Welt. Aus virtuellen Begegnungen entstehen gemeinsame Projekte, drei Agenturen und gute Freundschaften. Das Gegenteil dessen zu tun, was andere als „normal“ betrachten, verändert mein Leben. Tag für Tag. Mein Blog ist meine Green Card. Für ein Land namens Neuland.

Wahrscheinlich kennst du Pinterest.com. Ich „missbrauche“ die Pinnwände der Plattform gerne: als visuell ansprechenden Vorratsspeicher. Zum Beispiel für spontane Ideen für Blogeinträge, die ich erst später recherchieren und schreiben will. Oder die ständig wachsen. Mit eigenen Ideen. Und Ideen anderer.

# TRADITIONEN.

„Was macht der da?“ fragt mein Freund aus Boston.
„Er trägt eine Glocke spazieren.“
„Warum macht er das?“
„Wir haben das hier immer schon so gemacht.“

IMMER DANN, WENN DIR EIN DENKMAL DER VERGANGENHEIT ERKLÄRT, ES HÄTTE DAS IMMER SCHON SO GEMACHT, STELLE DIE FRAGE: *Warum?*

Die wenigsten haben darauf eine Antwort.

(An jenem Tag hätte ich auch keine geben können.)

Das krankhafte Denken haftet immer am Bekannten. An Traditionen. Das Unbekannte, das Neue, ist gefährlich. Weil wir darüber keine Kontrolle haben. Das ist der Grund, warum wir uns mit Vergangenheit zumüllen. Statt Neues aktiv zu gestalten. Um besser zu (über)*leben*.

# MENSCHENAFFEN.

In einem Raum sitzen vier Affen. Von der Decke baumelt eine Banane. Um sie zu erreichen, müssen die Affen eine Leiter erklimmen. Der erste wagt die einfach scheinende Mission. Kurz bevor er nach der Banane greift, spülen ihn Wissenschaftler mit einem kalten Wasserstrahl von der Leiter.
Der nächste Affe versucht sein Glück. Auch ihn trifft der Wasserstrahl. Immer wieder versuchen sie es, doch der Strahl zwingt jedes Tier in die Knie. Es resigniert.
Ein Affe wird gegen einen „neuen" getauscht. Er kennt die Konsequenzen nicht und nähert sich der Leiter. Noch bevor der Wasserstrahl einsetzt, kreischen die anderen Affen. Sie stürzen sich auf ihn. Mit körperlicher Gewalt hindern sie ihn daran, nach der Banane zu greifen. Affe um Affe wird ausgewechselt. Immer wieder grüßt das Murmeltier. Gewaltsam wird jeder Neuankömmling am Erklimmen der Leiter gehindert.
Keines der ursprünglichen Tiere ist mehr im Käfig. Kein einziges, das selbst je Bekanntschaft mit dem kalten Wasserstrahl hat machen müssen. Trotzdem traut sich kein Affe mehr in die Nähe die Leiter und auch kennt keiner den wahren Grund dafür.

Es war einfach *immer* schon so.

Affen fragen nicht: „Warum?" Zumindest in diesem Punkt könnten wir uns von ihnen unterscheiden.

Diese Geschichte habe ich bei einem Bloggerkollegen der ersten Stunde gelesen: In Jochen Mais „Karrierebibel". Ich habe ihn nicht gefragt, ob ich sie für dieses Buch verwenden darf. Wir Blogger haben das immer schon so gemacht.

# ZU VIEL ZEIT HABEN.

Ich habe keine Zeit. Ich nehme mir keine Zeit. Ich will keine Zeit haben. Ich habe andere Prioritäten. Ich bringe nichts zu Ende. Ich habe meine Zeit falsch eingeteilt. Ich will alles selber machen. Ich delegiere falsch. Ich habe kein Vertrauen in andere. Ich lasse mich leicht ablenken. Ich erhalte zu viele E-Mails. Ich bin überarbeitet. Ich bin zu perfektionistisch. Ich setze mir keine Zeitlimits. Ich kann nie Nein sagen. Ich bin zu viel auf Facebook. Ich telefoniere andauernd. Ich arbeite planlos. Ich schiebe alles vor mir her. Ich werde ständig gestört. Ich verbringe zu viele Stunden im Auto. Ich liebe Small Talk. Ich sitze durchgehend in Meetings.

Nichts, das ich nicht ändern kann. Anfangs eliminiere ich nur einen *Zeitfresser:* E-Mails. Sie zwei mal am Tag abzurufen reicht. Mittags und abends. ZEITFRESSER FRESSEN MACHT SPASS. UND DAS DENKEN FREI(ER).

„Du klagst über zu wenig Zeit. Bei jedem Treffen. Gleichzeitig erzählst du mir, womit du so sehr beschäftigt bist. Jedes kleinste Detail. Das geht immer. ERZÄHLE MIR NICHT, DU HÄTTEST ZU WENIG ZEIT. Tatsächlich hast du zu viel Zeit. Um sie zu vergeuden. Und falsch zu nutzen.

Verschwommen rast der Speedtrain „Leben“ vorbei.
Slow Motion. Ich erkenne Gesichter an den Fenstern.
Zeit ist eine unendliche Abfolge von Jetzt, Jetzt, Jetzt.
Deshalb gibt es keinen besseren Zeitpunkt. Um anzufangen – als jetzt.

# SCHEITERN.

**HONG KONG, 2007 //** Vor mir sitzt ein weiser, erfolgreicher Mann. 80 Jahre alt. Sein Unternehmen zählt einige tausend Mitarbeiter. Er hat es in die Hände seiner Söhne gelegt. Schweren Herzens. Um für 18 Monate nach Peking zu gehen. Alleine. Ohne seine Familie.
Einen großen Regierungsauftrag wollte er an Land ziehen. Über eine Milliarde Anstecknadeln für die Olympischen Spiele in Peking. „Eine für jeden Chinesen", lautete der *Plan*, den es vielleicht gar nie gab.
Die vielen Einladungen und Termine kann er selbst nicht mehr zählen. Ebenso wie das viele Geld, das er irgendwo versenkt hat. Vielleicht will er das auch nicht.
Auf den Auftrag wartet er vergebens.

„Sind Sie sehr wütend?" frage ich.
„Wütend? Warum?" Er schmunzelt. Noch nie zuvor hatte ich diesen alten Mann so gelassen gesehen. Ich habe ihn als energischen und zugleich fairen Verhandlungspartner in Erinnerung.
„Ich bin sehr dankbar", fährt er bedächtig fort. „Ich habe mich immer als erfolgreichen Geschäftsmann betrachtet. Nie in meinem Leben habe ich mehr über mich und meine Fehler gelernt. Ich werde alles an meine Söhne weitergeben.
Ich bin gescheitert; das war.
Drei werden es besser machen; das ist."

# DAS LEBEN IST EIN SUDOKU – NUR BESSER.

Du weißt, dass es immer eine Lösung gibt. Geben muss. Im Sudoku *eine*, im Leben außerhalb des Gitters viele.

Lüfte das Geheimnis der Zahlen rechts. Es gibt viele Strategien: Analytisch-systematisch. Sichten von Ziffern. Zählen in Einheiten. Ausschlussverfahren. Globale Paarsuche. Grundsatzmethode. Hypothesen Falsifikation. Algorythmen. Backtracking. Uhrzeigerstrichmethode. [...]
Einen Baustein haben alle Werkzeuge gemein: den wichtigsten. Ohne ihn löst sich kein Sudoku. Ohne ihn löst sich kein Problem. Ohne ihn erreichst du nichts. Nicht im Spiel. Nicht im Leben.

| | | | | | | | | |
|---|---|---|---|---|---|---|---|---|
| | | | | | | | | |
| | 6 | 1 | | 9 | | | 4 | |
| 9 | | 5 | | | | | | 1 |
| | | | | | | | | |
| | 8 | | | 3 | 1 | | | |
| | | | | 2 | | 5 | | 9 |
| | | | | | | | 1 | 7 |
| 6 | 4 | | | | 8 | | | |
| 3 | | | 7 | | 4 | | 8 | |

数独 Sūdoku; Kurz für 数字は独身に限る Sūji wa dokushin ni kagiru. Wörtlich in etwa: „Isolieren Sie die Zahlen".

Die Spur zur Lösung aller Probleme steht im Sand eines Bildes weiter vorne in diesem Buch.

# HUMOR.

ES GIBT ZU VIELE LANGWEILIGE ~~VORTRÄGE~~ VORTRAGENDE. Du willst andere von deiner Idee überzeugen. Geh vom Schlimmsten aus: Niemand hat auf dich gewartet. Deshalb brauchst du einen verdammt guten Einstieg (s.S.76). Du hast nur einen Versuch. Überrasche. Verblüffe. NUTZE DAS SIMPLE PRINZIP VON WITZEN.

Vier Freunde möchten zum Oktoberfest. Marlene ist Studentin. Sie will neue Lederhosen. Programmierer Jörg will einen neuen Rollkragenpullover. Charlotte will glitzernde High Heels.
Heinrich ist Bauer. Was will er?

Bauer Heinrich // Heinrich will Neuwahlen. Laut aktueller Statistik möchte diese jeder vierte Deutsche.

Witze fahren gerne über Denkautobahnen.
Locke Menschen dorthin. Irgendwo entlang des Weges bremse ab. Befreie sie vom denkTrott. Je unerwarteter die Vollbremsung, umso größer der Effekt deiner *Überraschung*.

**PASADENA, 1949 //** Nur noch wenige Sekunden auf der Uhr. Alles oder Nichts. Champion oder Niemand. Der Quarterback wählt einen bis dahin nicht gekannten Trick-Spielzug. Wie die Freiheitsstatue steht er am Spielfeld. Die heranstürmenden Verteidiger sind überrascht. Ziehen unverrichteter Dinge ab. Die Täuschung ist geglückt. Er hat alle Zeit der Welt, um einen langen Pass zu werfen. Die Wildcats gewinnen die Rose Bowl. Erstmals. Und danach nie wieder.
Überraschungen beeindrucken. Manche nur einmal.

**VARANASI, 2001 //** Ich habe mit diesem Mann stundenlang kommuniziert. Über Wochen. Wir haben kein Wort des Gegenübers verstanden. Eine Sprache hatten wir dennoch gemein: die des Lachens.

# LÄCHELN.

Zu viele trostlos wirkende Gestalten.
Dennoch laufe ich mit einem Lächeln durch die Stadt.
Auch andere lächeln mit einem Mal. Freude.
Meine Welt ist Spiegel. Meines Handelns.

Lächle deine Probleme an. Die Lösung lächelt zurück.
Du arbeitest nicht mehr. Du hast (wieder) Spaß.

Thomas Leuthard ist Straßenfotograf. Er knipst fremde Menschen auf der Straße. Dafür erntet er oft böse Blicke. „Dann lächle ich und winke ihnen zu“, erzählt er. „Die meisten Menschen lächeln zurück. Oder wollen die Aufnahme sehen.“ Problem gelöst. Dank eines Lächelns.

# SIEBEN KURZE GESCHICHTEN. FÜR DIE BESTE PRÄSENTATION DEINES LEBENS.

Über 100 Mitarbeiter werden in Präsentationstrainings geschickt. „Meine Präsentation gliedert sich in drei Teile", schlägt der Trainer vor. Wenig später leiten 100 Menschen gefühlte 100 Millionen mal eine Rede mit dem gleichen Satz ein.

**SPANNE EINEN ROTEN FADEN //** Kennst du einen guten Film ohne roten Faden? In zu vielen Präsentationen vermisse ich die Dramaturgie.
Lies alte Heldensagen. Befrage Wikipedia nach Heldenreise. Wenn du mit PowerPoint kein Drehbuch hinbringst, lasse den Beamer weg. Oder probiere es mit Prezi. Oder purem Chaos. Das ist immer noch anregender, als ein halbherzig gespannter Faden.

Jede graue Theorie lässt sich bunter gestalten. Professor Hans Rosling ist ein Genie im Visualisieren nackter Statistiken und lebloser Zahlen. Einige seiner Reden findest du in meinem Blog, bei Google und auf YouTube. Genieße. Kopiere. Adaptiere. Mache es für dich.
Und für dein Publikum.

**ERZEUGE SPANNUNG //** Gespannt verfolgen wir, wie Columbo den Täter überführt. Obwohl wir den Mörder schon kennen. Starte deinen Auftritt außergewöhnlich. Beginne mit dem Ende. Niemand weiß, wie du dorthin gekommen bist. Genau deshalb wird dein Publikum jedem Wort deiner Heldenreise folgen. Um die Lösung nicht zu verpassen.
Schau dir Werke großartiger Regisseure an. Kopiere deren Drehbücher. Dann finde deinen eigenen Stil.

Familienfeiern. Schule. Geburtstage. Urlaubspläne.
Probleme. Ideen. Lösungen. Projekte – private und berufliche.
Lasse diese Seite in vielen Lebenssituationen dein Begleiter sein,
denn du präsentierst öfter, als du glaubst.

**MACH ES (AN)GREIFBAR //** Wie erklärst du die Zahlen rund um den $CO_2$-Ausstoß deines Autos? So, dass alle sie verstehen? So, dass die Botschaft auch morgen noch in Erinnerung bleibt? Ich bringe 60 Tafeln Schokolade mit. So viele kotzt der Wagen des Vorstandsdirektors jeden Tag auf dem Weg ins Büro auf die Straße.
Das scheint greifbar. Heute fährt er mit der Bahn. Angeblich sogar gerne.

**BETEILIGE //** Je größer das Publikum, umso stärker aktiviere jeden Einzelnen. Rege zum Mitdenken an. Stelle Fragen. Lasse die Lösung offen. Verrate sie erst später. Beiläufig. Nimm eine Packung Müsli und ein kleineres, gleich schweres Glas Marmelade mit. „Was wiegt mehr?" Der Großteil deiner Zuhörer mag Interaktion. Ignoriere die anderen. Sie hören dir auch beim Predigen nicht zu.

**ERZÄHLE //** Menschen lieben Geschichten. Erzähle jedoch bitte nicht (noch einmal), wie Apple den iPod erfunden hat. Die Story ist ausgelutscht und nicht fassbar, weil sie zu groß ist. Erzähle von einem Missgeschick (oder einem Erfolgserlebnis) des Unternehmers nebenan. Je kleiner die Geschichte, umso greifbarer wird sie. Sie weckt mehr Emotionen. Weil wir mit Menschen fühlen – nicht mit anonymen Konzernen. Nicht mit herzlosen Logos.

**ERSETZE ALLE WORTE DURCH BILDER //** Wie viel Text braucht deine Präsentation wirklich wirklich wirklich? Hand aufs Herz: Ist das Geschriebene vor allem dein eigener Anker, um dich selbst festzuhalten? "Aber das Handout..." Nein! Die beste Präsentation ist das schlechteste Handout. Handouts verstauben in Schubladen.
Ge- und erlebte Begeisterung währt länger.
Blättere eine Seite weiter!

# BEGEISTERUNG SEIN.

Fortsetzung der Seite zuvor; oder Unterlage: für all dein Schaffen.

**LEIDENSCHAFTLICH SEIN //** Lebst du für dein Anliegen? Nur wenn du deinen kritischen Verstand kompromisslos begeisterst, wird der Funke bei deinem Gegenüber ein Feuer entfachen. GEH AUF DIE STRASSE! Schau Straßenmusikanten zu. Fischverkäufern. Tänzern. Predigern. Während ich diese Menschen beobachte, lerne ich den wertvollsten Baustein für all meine Reden, Vorträge, Präsentationen:

ES REICHT AUS, *ich* ZU SEIN. IMMER.

Egal welchen Unsinn Rhetoriktrainer und Berater über mir ausschütten: AUTHENTIZITÄT UND LEIDENSCHAFT ERZEUGEN IN JEDEM WINKEL DER WELT BEGEISTERUNG. Auch, weil es nicht die Statistiken und Worte sind, an die wir uns erinnern. Es sind die Gesichter, die Menschen, ihre Emotionen. Und unsere eigenen Gefühle.

**DERJENIGE, DER MIT TINTE SCHREIBT, IST NICHT ZU VERGLEICHEN MIT DEMJENIGEN, DER MIT SEINEM HERZBLUT ZEICHNET.**

Khalil Gibran

**ANDERE WERDEN DICH MIT DER GLEICHEN BEGEISTERUNG BEWERTEN, MIT DER DU DICH SELBST PRÄSENTIERST.**

# Epilog

„Schon damals habe ich gesagt, dass...“
„Diese Idee hatte ich selbst schon vor langer Zeit.“
„Das wusste ich schon immer.“

Wenn du es immer schon gewusst hast; warum hast du dann nichts getan? Ausreden über Ausreden. Jammern hilft nicht. Mach es dieses Mal besser. EIN NICHT UMGESETZTER PLAN IST NUTZLOS. Er verstaubt. In Schubladen und Hirnen. Großartige Pläne von Architekten müssen als großartige Bauwerke umgesetzt werden. Nur dann werden sie dauerhaft als Kunstwerke kreativen Denkens wahrgenommen und als großartig bewertet.

**ANFANGEN.** *Jetzt*.
Einen anderen Zeitpunkt gibt es nicht. Egal wie sehr du dich auch danach sehnst: Morgen ist wieder nur Jetzt. Oder hast du schon einmal morgen gelebt?

# NACKT. OFFEN. EHRLICH.

**DANKE //** An die Dame, die mir erklärt: „Schicken Sie uns die Seminarbeschreibung vollinhaltlich auf einer *halben* Seite. Eine ganze ist zu lange.“
Ich überarbeite. Aus einer Seite werden zwei. Absenden.
Die Antwort folgt nach zwanzig Minuten:
„Sie haben mich missverstanden. Ich brauche es kürzer.“
Der nächste Entwurf hat vier Seiten. Dann sind wir uns einig: Wir passen nicht zusammen.

Sieben Jahre laufe ich mit meiner Idee zu diesem Buch schwanger. Tatsächlich ist es längst geschrieben. Satz für Satz steht in meinem Kopf, auf hunderten Zetteln und Mindmaps und zwischen den Zeilen von über 2.000 Strophen meines Blogs. Trotzdem habe ich Verlage jahrelang vertröstet. So wie viele Menschen, die mich bei meinen Vorträgen nach (m)einem Buch fragen. Wir alle brauchen Helfer – Geburtshelfer. Von unserem ersten Atemzug an. Die Mitarbeiterin jener Agentur wird zur Hebamme.

**ALLES BEGINNT. AUF EINEM LEEREN BLATT //** Und dann geht plötzlich alles ganz einfach. Fließt Buchstabe um Buchstabe. Formt sich Satz um Satz. Schreibt sich Seite um Seite wie von selbst. Bis hierher...
Alles geschrieben. Alles gesagt.
Ich schließe das Logbuch dieser Reise.
Endlich wieder Zeit. Zum Umsetzen. Zum Anfangen.

WISSEN ZEIGT SICH.
EINZIG IN UNSEREM
*Handeln*

Bildquellen // Alle Fotos Hannes Treichl ausgenommen die hier angeführten.
Fotos mit freundlicher Genehmigung der Rechteinhaber:
S.20: Melissa Toledo, Brasilien; S.49, S.120, S.146: NASA, grin.hq.nasa.gov; S.65: Courtesy MazeGenerator, mazegenerator.net; S.59: Valentin Hackl, palettenmoebel.at; S.70: Daniela Larch, emeibaby.com; S.75: Calmar Consulting Corporation, myaquanotes.com; S.86: PanoramaKnife @ La Belle Epoque GmbH, panoramaknife.ch; S.93: SoleRebels Footwear; S.97: Tiroler Adlerin
Für die über Creative Commons freigegebenen Bilder danke ich:
Thomas Hawk, San Francisco, USA (S.28, S.36, S.165); Donald Parker, San Diego, USA (S.60); Lynne, Cambridge, USA (S.82); Lance McCord, Atlanta, USA (S.106); Trevor Coe, Georgia, USA (S.123); Bossi, Washington DC, USA (S.123); Nikita Chernogolovka, Russland (S.133); Hellebardius (S.134); RINGO, Hong Kong (S.142); KAZ Vorpal, Brighton, USA (S.143); Sarah Gilbert, Portland, USA (S.147); Alan Stark, Tucson, USA (S.156); Phil Plait, Boulder, USA (S.168); Michael Dunn, USA (S.170); Walt Stoneburner, Virginia, USA (S.205)

# TRINKT AUS, PIRATEN, YO-HO!
# WIR SEGELN WEITER.
# AUF OFFENES MEER.

Für alle Gefährten!
– auf den vielen Wegen nach Neuland

Ich danke meinen Kindern Emma und David,
meiner Mutter und meiner Partnerin Gabi.

Ein besonderer Dank geht namentlich an jene Menschen, die auf der Reise zu diesem Buch die eine oder andere Spur hinterlassen haben:
Betty M., Babis P., Burkhard S., Christine F., Claudia S., Elke N., Isabell V., Jessica S., Karl G., Mario P., Melanie K., Tinti A. & Thomas H.

Ohne Eure Unterstützung wäre die Fahrt an dieser Stelle zu Ende.
Mein Buch vollendet.
Logbücher & Erfahrungen bleiben immer unvollendet.

**DENKEN SCHENKEN //** MEUTEREI DES DENKENS als Impulsvortrag, oder als Buch mit individuellem Cover und unternehmensspezifischem Prolog. Informationen hierzu findest du im Blog zum Buch: www.meuterei-des-denkens.com.

# DER AUTOR.

**HANNES TREICHL //** lebt und arbeitet in seiner Heimat Tirol, Österreich. Er ist international erfolgreicher Business-Speaker, Gründer mehrerer Agenturen und Autor von andersdenken.at – einem der meistgelesenen Blogs im gesamten deutschsprachigen Raum.

Zehn Jahre hatte er leitende Positionen im Management von Swarovski inne und gehörte dem weltweiten Marketing-Führungsteam an. Heute unterstützt er international tätige Konzerne, mittelständische Unternehmen und Gründer bei der Entwicklung von Innovationen und der Erarbeitung von Strategien zur Positionierung und Differenzierung.

Er berät und coacht Menschen, die kreativer denken und effektiver entscheiden wollen.

Schon vor Veröffentlichung seines ersten Buches begeistern seine Vorträge und Workshops weltweit über 30.000 Menschen.